세계 역사상 최고의 해군 제독

이순신 리더십

전도근 지음

태산같이 행동하라

Act like a Big Mountain

머리말

우리 역사에는 우울한 시대에 국민들에게 희망을 준 위인이 있었다. 바로 성웅 이순신 장군이다.

이순신은 한국사에서 가장 위대한 인물 중 한 분이다. 그런 위치는 그를 수식하는 거룩한 영웅 또는 뛰어난 영웅이라는 뜻의 '성웅'이라는 칭호에 집약되어 있다. 성웅이라는 칭호를 받게 된 것은 천부적 재능이 있거나 운이 좋아서 된 것이 아니라 수많은 역경과 난관을 치열한 고뇌와 노력으로 극복하고 이루었다는데 의의가 있다.

이순신은 나라가 위태로운 시대에 어려운 삶을 살았다. 당파 싸움으로 조정이 분열된 시대에 태어나, 32세의 늦은 나이로 관직에 나가 북방을 수시로 위협하던 여진족에 맞서고, 권력욕과 부패로 얼룩진 정치권에 의하여 희생을 당하고, 마지막에는 조선을 침범해 온 왜군을 향해 장렬하게 목숨을 던졌다.

이순신은 무인으로 관직을 시작하여 23년간 3번의 파직을 당하고, 1번의 사형선고를 받았으며, 2번의 백의종군을 겪는 수모와 고통을 당하면서도 자신의 꿈과 희망을 지켜냈다. 권력에 굴하지 않는 용기와, 스스로 옳다고 믿는 신념을 가지고 맡은 일에 최선을 다하고, 희망을 잃어버린 백성을 높이 섬기는 배려를 하였으며, 자신을 모함하는 소리에도 의지를 굽히지 않고 오직 바른 길을 걸었다.

이순신은 여수의 전라좌수사로 부임하여 전쟁이 일어날 것을 예측하고 1년 2개월 만에 수군을 굳건하게 키워냈으며, 거북선을 만들어 전쟁에 대비하였다. 결국, 임진왜란이 일어나고 이순신 장군은 옥포 해전을 시작으로 해서 23전 23승을 하였다.

이순신 장군은 절망에 빠진 국민들에게 희망이었으며, 꺼져가는 조선의 운명을 살렸다. 이순신은 오직 나라를 구하기 위하여 온몸과 정신을 바쳤다. 그러나 이순신은 승리를 계속했지만 모함으로 조정에 불려가 모진 고문과 사형선고를 받고 백의종군을 해도 자신의 인생을 한탄하지 않았다. 자신을 박해하던 조정과 대신들을 미워하지도 않았다. 심지어 자신을 고문하고 죽이려고 했던 선조에 대해서도 미워하지 않았다.

이순신이 공들인 조선의 수군을 원균이 하루아침에 잿더미로 만들고 12척의 배만 남겼지만 절망하지 않았다. 13척의 배로 133척의 적을 물리치면서도 자신이 가진 전선이나 군인이 적다고도 하지 않았다. 전쟁 중에 자신의 사랑하는 두 아들의 전사 소식을 듣고도 좌절하지 않았다. 다만 그에게는 사랑하는 홀어머니에 대한 효심과 나라를 걱정하는 충성심만이 가득했다.

이순신 장군은 일본으로 돌아가는 왜군들을 용서하지 않기 위해 노량에서 왜군들과 마지막 대전을 치루었다. 일본 수군의 500여 척의 배 중에서 450여 척을 침몰시키고 겨우 50여 척이 도망가는 대승을 거두었다. 그러나 이 전쟁을 끝으로 조선에 평화가 찾아올 수 있다는 것을 알았지만 이순신은 전투 중 적의 조총에 맞아 전사하게 된다. 이순신은 마지막까지 자신의 죽음을 알리지 말라고 하는 살신성인의 모습을 보여주었다.

역사는 이순신의 전사에 대해서 세계의 그 어떤 전쟁보다 위대한 것으로 기록하였으며, 세계의 명장들은 이순신의 전사를 배우고, 훌륭한 인간성에 대하여 존경하고 있다.

이 책은 이순신 장군의 탄생에서부터 죽음까지의 삶을 통하여, 이순신이 우리에게 주는 교훈을 배우는 데 목적이 있다. 이 책을 통해 우리나라의 주인공이 될 청소년들이 이순신처럼 역경을 딛고 역사 속에 이름을 남기는 위대한 리더가 되었으면 좋겠다.

전도근

CONTENTS

목차

II 평탄치 않았던 관직 생활

VI 이순신에게 영향을 준 사람들

01

이순신의 어린 시절

이순신은 아버지 이정과 어머니 초계 변씨 사이에서 1545년 4월 28일 한양의 남산 북쪽에 있는 건천동_{지금의 인현동}에서 태어났다.

이순신의 집안은 넉넉하지는 않았지만, 자식 교육에 소홀함이 없는 양반 집안이었다.

어머니는 삯바느질을 하면서 어려운 가정을 이끌었지만 아이들은 훌륭하게 키우고 싶었다. 어머니는 수시로 자식들에게 엄하면서도 큰 인물이 되도록 가르쳤다.

이순신은 어려서부터 위인전을 좋아했다. 그중에서도 장군들에 대한 책을 좋아 했다.

어린 이순신은 이들에게 큰 감명을 받고 그들처럼 용감한 장수가 되고 싶었다.

이순신은 어릴 때부터 훌륭한 장군이 되고 싶어 병법에 관한 책을 읽었을 뿐만 아니라 전쟁놀이를 하면서 자랐다.

01 이순신의 탄생

이순신은 서기 1545년 4월 28일, 봄날에 한양의 남산 북쪽에 있는 건천동_{지금의 인현동}에서 태어났다. 이순신이 태어난 날은 마치 하늘이 축하라도 하듯이 화창한 날이었다.

아버지는 덕수 이씨 가문의 이정이라는 분이었고 어머니는 초계 변씨였다. 그는 셋째 아들로 태어났는데 위로는 이희신李羲臣, 이요신李堯臣이고 동생은 이우신李禹臣이었다. 이들의 이름을 보면 그와 형제들의 이름은 중국 고대의 삼황오제* 중에서 복희씨와 요·순·우 임금에서 따온 것이고 신臣은 돌림자로서 신하라는 뜻이다. 따라서 아버지는 아들들이 그런 성군을 섬긴 훌륭한 신하가 되라는 바람을 담았다고 볼 수 있다.

삼황오제 : 중국 고대의 전설적 제왕 8명을 말하며, 이들로부터 중국 역사가 시작되었다는 설화 속의 인물이다. 3황은 복희씨·신농씨·여와씨를 말하며 천황·지황·인황으로 기록하기도 한다.

이순신의 증조할아버지 이거는 병조참의조선 시대 병조에 속한 정삼품 당상관을 지냈다.

할아버지 이백록은 평시서봉사조선 전기에는 대체로 물가를 통제, 조절하는 업무벼슬을 지냈다. 그러나 할아버지가 벼슬을 지내던 무렵, 나라에서는 당파 싸움으로 인해 기묘사화가 일어나 중종의 신임을 받던 조광조를 비롯한 많은 충신이 억울하게 죽거나 벼슬을 빼앗기게 되었다. 이순신의 할아버지도 이때 옳은 일을 하려다 오히려 누명을 쓰고 벼슬을 그만두게 되었다.

아버지 이정은 자기 아버지가 억울한 삶을 산 것을 보고 벼슬에 대한 욕심을 버리고 동네 아이들을 가르치는 훈장을 하였다. 아버지는 벼슬을 하지 않았기 때문에 생활이 넉넉하지는 않았지만 자식 교육에 소홀함이 없었다.

02 자식을 엄하게 키운 어머니

이순신의 어머니는 삯바느질을 하면서 어려운 가정을 이끌었다. 평소에는 매우 다정하신 분이었으나, 아이들의 교육만은 엄하게 시키셨다. 비록 벼슬을 하는 집안은 아니었지만 아이들은 훌륭하게 키우고 싶어 했다. 이순신의 어머니는 소위 권세 있는 집안이 아니었기 때문에 아들들이 자신감을 잃지 않도록 길러냈다. 그래서 틈나는 대로 아들들에게는 늘 남자다움을 잃지 말고 큰사람이 되라고 가르치셨다.

그래서 어머니는 아들들을 모아 놓고 큰사람이 되는 방법에 대해서 자주 말씀하셨다.

"세상에서 큰일을 이루기 위해서는 목이 달아나도 제 입으로 한 말은 꼭 지켜야 한단다."

어머니의 말씀은 어린 이순신의 형제들에게 매우 가슴에 와 닿았다. 어린 이순신은 앞으로 세상을 살면서 자신이 한 말은 꼭 지키겠다고 다짐하였으며, 실천해 나갔다.

이어 어머니는 말을 이었다.

"큰사람이 되려면 나라를 먼저 생각해야 한다."

어린 이순신은 물었다.

"어머니 나라가 어려워지면 집안은 어떻게 해야 하나요?"

어머니는 말했다.

"나라를 위한 일이라면 온 집안의 목숨이 위태롭더라도 나라부터 지켜야 한다."

이순신은 평생을 살면서 어머니의 가르침을 따르려고 노력하였다. 이순신은 어머니의 말씀에 따라 가족보다는 나라를 먼저 생각하게 되었다.

이순신은 어려서부터 위인전을 좋아했다. 그중에서도 장군들에 대한 책을 좋아했다.

고구려의 명장인 을지문덕 장군을 비롯하여 고려 때의 강감찬 장군, 그리고 수군을 강하게 길러 바다에서 왜구를 막아야 한다고 주장한 최영 장군 등 이름난 장수들에 대한 위대하고 용감했던 이야기를 들으며 책을 읽었다. 어린 이순신은 이들에게 큰 감명을

| 현충사 〈십경도〉 중 이순신과 어머니

받고 그들처럼 용감한 장수가 되고 싶었다.

또한, 중국의 역사책을 읽으며 중국의 역사에 등장하는 나라들이 흥하고 망하는 원인에 대해서 알게 되었다. 중국의 역사에 등장하는 나라들이 망한 이유는 군대의 힘이 약해 다른 나라에 침략을 당했기 때문이라는 사실을 알게 되었다. 중국의 역사책을 통해 군대의 역할이 얼마나 중요한가를 깨닫게 되었다.

이순신의 어머니는 나중에 임진왜란이 일어났을 때도 자신을 보러 온 아들에게 말했다.

" 가거라. 부디 나라의 치욕을 씻어야 한다."

어머니는 자식들에게 한결같이 행동했다. 그래서 이순신은 그런 어머니에게 많은 것을 배웠고 평생을 살면서 어머니의 말씀에 순종하였다.

Tip

이순신에게 있어 어머니는 엄격한 스승이었다. 이순신은 임지를 다니면서 어머니를 꼭 모시고 다녔으며, 효성 또한 지극하였다. 이러한 마음이 《난중일기》에 그대로 적혀 있는데 어머니를 지극정성으로 모시는 내용이 자주 나온다.

03 유성룡을 만나다

아버지가 벼슬을 하지 않고 동네 훈장을 하다 보니 어린 이순신의 집안 형편은 좋지 않았으며, 그에 따른 차별도 심하게 느끼면서 성장하였다. 비록 가난하였지만 이순신의 꿈은 유명한 장군들처럼 명장이 되는 것이었다. 그래서 이순신은 자신의 꿈을 이루기 위해 어릴 때부터 전쟁놀이를 즐겨했다.

동네에서 또래 친구들을 모아 실제로 전쟁을 하듯 친구들을 지휘하였다. 이때 같은 동네에 살던 유성룡을 만나게 된다. 원래 유성룡은 안동에서 태어났지만 아버지가 관직에 있어 한양으로 올라와 살았기 때문에 친해지게 되었다. 유성룡은 이순신보다 세 살 많았지만 친구가 되었으며 이순신에게는 평생 후원자가 되었다.

유성룡은 퇴계 이황에게 공부를 배우고 관리가 되었다. 유성룡은 임진왜란이 일어났을 때는 병조판서에 임명되어 군대에서 일어나는 모든 업무를 총괄하였다. 이순신·권율 등 명장을 등용하여 국난을 극복하는 데 이바지했다. 나중에는 이순신을 사형시키려는 조정의 음모에 맞서 목숨을 구해주는 역할을 하였다.

유성룡은 어릴 때부터 이순신과 친하게 지냈기 때문에 누구보다 이순신에 대해서 잘 알고 있었다. 유성룡의 이순신에 대한 평가는《선조실록》에도 나와 있으며, 임진왜란의 원인이나 전쟁의 상황 등을 소상히 기록한《징비록》에도 잘 나와 있다.

《선조실록》에는 유성룡이 선조에게 "저희 집이 이순신과 같은 동네에 있었기 때문에 이순신의 사람됨을 잘 알고 있습니다."라고 말했다는 기록이 있다.

유성룡의《징비록》에서 이순신이 어린 시절부터 용기 있는 사람으로 생각하였고, 큰 인물로 성장할 수 있는 자질을 갖추고 있었음을 다음과 같이 적고 있다.

"이순신은 어린 시절 얼굴 모양이 뛰어나고 기풍이 있었으며 남에게 구속을 받으려 하지 않았다. 다른 아이들과 모여 놀면서 나무를 깎아 화살을 만들고 그것을 가지고 동네에서 전쟁놀이를 하였다.

자기 뜻에 맞지 않는 자가 있으면 활로 쏘려고 하였기 때문에 어른들도 그를 꺼려 감히 그의 앞을 지나려 하지 않았다.

이순신은 무과에 급제하여 가난한 처지를 벗어나고자 하였다. 그래서 자라면서 활 쏘는 연습과 말 타고 달리는 연습을 하였다. 그러나 이순신은 전쟁놀이만 잘한 것이 아니라 글씨도 잘 썼다."

Tip

이순신은 무과 시험에 자신의 모든 것을 걸기로 작정하지만, 공부도 게을리하지 않았다. 이순신은 전쟁에 이기기 위해서는 문무를 두루 갖추어야 한다고 생각하였다. 장군은 힘만 필요한 것이 아니라 적을 이기기 위하여 전쟁 방법을 알아야 했기 때문이다. 그래서 이순신은 글공부도 열심히 하면서 병법에 관한 책을 읽었을 뿐만 아니라 말 타기 연습, 활쏘기, 칼 쓰기, 창 쓰기를 계속해서 익혀 나갔다.

04 전쟁놀이로 꿈을 키우다

실제로 이순신은 자신이 읽은 중국의 병법 책인《손자병법》과 명장들의 전쟁 방법들을 연구하고 이를 바탕으로 전쟁놀이에 적용하였다. 이순신은 어렸을 때부터 전쟁놀이의 대장 역할을 하면서 아이들을 잘 이끌었다.

이순신이 해박한 병법을 바탕으로 아이들을 지휘한 일화가 있다. 이순신은 동네 아이들을 모아놓고 가상의 상황을 만들어 일사불란하게 움직이게 하였다.

"오늘은 새로운 작전을 지시하겠다. 공격하는 적군은 윗마을 병사들이 맡고 수비는 아랫마을 병사들이 한다. 수비하는 병사들은 반으로 나눠 따로 진을 치도록 하겠다.

　수비하는 병사들의 반은 나무 뒤에 진을 치고, 그 나머지 반은 저 아래쪽 개울가에 진을 친다. 그러면 반드시 이길 수 있을 거야. 뒤에 개울이 있어 뒤로 절대 적군이 쳐들어올 수 없다. 이것이 바로 ‘배수의 진’이라는 거야. 강이나 바다를 등지고 치는 진으로 예로부터 많은 승리를 거둔 작전이다.”

　이순신은 병법에 대한 공부를 많이 하여 여러 가지 병법들을 알고 있었다. 병법만 해박했던 것이 아니라 어리지만 용기 있는 일화들도 많았다. 한번은 동네 아이들과 전쟁놀이를 할 때였다. 이순신이 대장이 되어 다리를 지키고 있었는데 길을 가던 어떤 선비가 다리를 건너려고 하였다. 이순신은 지나가던 선비에게 우렁찬 목소리로 말했다.

　“멈추시오! 다리를 건너갈 수 없습니다. 다른 길로 돌아가시오!”
　선비는 어린 아이가 자신의 길을 막고 큰소리치는 것을 가소롭게 생각하여 이순신을 꾸짖었다.
　“야 이 녀석아 저리 비켜라! 사람들이 다니는 길을 막고 못 가게 하다니! 저리 비켜라!”
　이순신은 기죽지 않고 선비에게 큰소리로 말했다.

“안 됩니다. 여기는 전쟁터니 전쟁이 끝날 때까지 건널 수 없으니 위에 있는 다리로 돌아가시오.”

화가 난 선비는 이순신을 무섭게 노려보면서 호통을 쳤다.

“허허, 고 녀석 맹랑한 녀석이구나! 썩 물러나거라!”

이순신은 눈 하나 깜짝하지 않고 오히려 선비를 노려보면서 고함을 쳤다.

“내가 우군 대장인데 내 명령이 있기 전에는 절대 다리를 건널 수 없습니다. 다리를 건너려고 하면, 나의 군사들을 시켜 당신을 체포하겠습니다.”

선비는 어린 아이의 장난으로만 생각하다가 너무나 당당하게 말하는 이순신의 모습을 보고, 다리를 건너게 되면 큰일이 생길 것 같아서 슬그머니 돌아섰다.

　이순신은 어릴 때부터 자신이 세운 목표가 있으면 끝까지 밀고 나가는 성격을 가지고 있었다. 이러한 성격은 이순신이 관직에 있는 동안 자신을 어렵게 했지만, 자신이 세운 기준을 한 번도 버리지 않았다. 이순신이 훌륭한 것은 이처럼 자신이 가진 마음을 지키기 위해서 죽음을 두려워하지 않았으며, 수많은 해전에서 승리할 수 있었다는 것이다.

평탄치 않았던 관직 생활

이순신은 서울에서의 가난이 지속되자 8세 때 한양을 떠나 외가가 있는 충청남도 아산으로 이주하여 관직을 임명받고 함경도로 가기 전 32세 때까지 살게 된다.

이순신은 어릴 때부터 무인에 대한 관심도 많았고 무인의 자질을 보였지만, 이순신은 10년 동안 문과 응시를 준비해 왔다.

이순신은 결혼 1년 뒤에 인생의 방향을 크게 바꾸었다. 22세부터 문과에서 무과로 바꾸고 본격적으로 무예를 배우기 시작하여 32세에 드디어 무과 시험에 합격하였다.

이순신은 관직에 나가 부당한 명령에 거역하거나 불의를 보면 참지 못하는 성격으로 파면을 당하거나 부당한 대우를 받았다.

이순신은 녹둔도에서 여진족의 기습으로 피해를 입자 그 책임을 물어 백의종군을 하기도 했다.

하지만 다시 여진족을 무찌르고 공을 세워 백의종군에서 풀려났다.

1589년 말부터 1591년 2월까지 이순신은 6번의 관직을 임명받았지만, 대신들의 반대로 제대로 부임한 적이 없었다.

조정 대신에 대한 불만이 많았겠지만 이순신의 나라를 생각하는 마음에는 흔들림이 없었다.

1591년 2월 13일 이순신이 나이 47세에 전라좌수사로 임명되어 여수에 있는 전라좌수영에 부임하게 되었다.

이순신은 전쟁을 예감했고 전쟁을 준비하기 위하여 거북선과 화포를 만들었다.

01 무과 시험에 합격하다

이순신은 서울에서의 가난이 지속되자 8세 때 한양을 떠나 외가가 있는 충청남도 아산으로 이주하여 관직을 임명받고 함경도로 가기 전 32세의 나이까지 살게 된다. 이러한 이유로 아산에 이순신을 기리는 대표적 사당인 현충사와 묘소가 있게 된다.

1565년_{명종 20} 이순신은 21세의 나이로 보성군수를 지낸 방진의 딸인 상주 방씨와 혼인한다. 이순신은 방씨와의 사이에서 세 아들과 딸 하나를 두었다.

이순신은 어릴 때부터 남다른 체격에 영특한 지혜가 있었으며, 당시 선비들도 당해내지 못할 정도로 탁월한 문장 능력과 수려한 필체를 가졌었다. 주변 사람들은 이순신의 능력을 알고 문관으로 벼슬길을 가길 바라고 권했다.

이순신은 어릴 때부터 무인에 대한 관심도 많았고 무인의 자질을 보였지만, 10년 동안 문과 응시를 준비해 왔다.

이순신이 문과에서 무과로 바꾸게 된 배경은 정확하지 않다. 다만 할아버지 이백록이 기묘사화 때 누명을 쓰고 벼슬을 그만두어서 이순신이 문과 응시를 할 수 없게 된 것이라는 추측이 가장 유력하다.

이순신의 문과 공부는 나중에 글을 쓰는데 큰 도움이 되었다. 실제로 무장으로서《난중일기》와 같은 유명한 작품을 남긴 경우는 많지 않다.

이순신은 혼인 1년 뒤에 인생의 방향을 크게 바꾸어 22세부터 문과에서 무과로 바꾸고 본격적으로 무예를 배우기 시작했다. 무과 시험에 응시하려면 말 타기 연습, 활쏘기, 칼 쓰기, 창 쓰기와 같은 무술 공부를 해야 했다. 이순신은 근 6년 동안 무과 시험을 보기 위하여 무술을 연마하였다.

이순신은 28세가 되어 1572년 8월 훈련원 별과에 처음 응시했다. 그러나 시험을 치르던 중 타고 있던 말이 넘어져 다리가 부러지는 부상을 입었다. 이순신은 다시 일어나 버드나무 껍질을 벗겨 다친 다리를 싸매고 다시 말을 타고 시험을 끝냈다. 그러나 결국 낙방하고 말았다.

이순신은 포기하지 않고 4년을 더 무예를 쌓아 다시 도전하여 32세에 드디어 무과 시험에 합격하였다. 이순신은 무과에 합격하기 위하여 무려 10년의 세월을 무예 공부를 하면서 보냈다. 그리고 마침내 32세의 늦은 나이에 꿈을 이루었다. 당시 문과에서는 18세 어린 나이에 합격하여 관직을 시작하는 사람도 있었는데, 32세에 합격했다는 것은 매우 늦은 나이에 관직을 시작한 것이다.

일반적으로 평범한 사람들은 해보지 않은 일에 대하여 두려움을 가지고 있기 때문에 현실에 안주하려 한다. 그리고 적당히 현실에 타협하면서 편하게 살려고 하며, 목표를 세워도 쉽게 포기하는 경향이 많다. 그러나 이순신은 현재에 만족하지 않고 새로운 목표를 세우고 도전을 계속하였을 뿐만 아니라 목표를 세우면 꼭 달성하고야 마는 집념을 가지고 있었다.

02 부당한 명령을 거부하다

이순신의 관직 생활은 순탄하지 않았다. 처음 백두산 인근의 함경도 삼수 땅의 초소를 관장하는 종9품의 권관소대장으로 부임하였다. 그곳은 지형이 너무 험해 새들도 드나들지 않는다고 알려진 곳이었다.

당시 함경도는 여진과 가까운 곳이어서 적의 침입이 끊이질 않았다. 그래서 조정에서는 압록강을 넘어 침입하는 여진족을 막기 위해 강을 따라 국경 수비 초소와 봉수대를 만들었다. 이순신이 도착해 보니 성벽은 허물어지고 군율도 크게 무너진 상황이었다. 알고 보니 이전에 부임했던 많은 관리가 태만하게 국방을 관리를 했기 때문이었다.

이순신은 크게 노해서 말했다.

"나라의 녹봉을 받는 이들이 어찌 그렇게 행동한단 말인가!"

이순신은 밤낮을 가리지 않고 성벽 보수 작업과 군사훈련에 매진하여 국방을 튼튼히 하였다.

얼마 뒤 함경감사 이후백이 각지를 순회하면서 국방을 게을리한 장수들을 처벌했다. 그런데 오직 이순신만이 국방을 튼튼히 하고 활을 잘 쏜다는 이유로 크게 칭찬하고 군사들에게 술과 고기를 내려 위로하였다.

삼수에서 만 2년 넘게 성실하게 군 생활을 한 이순신은 상관들에게 인정받아 1579년 2월, 종8품의 훈련원 봉사로 승진되어 서울로 올라왔다. 훈련원은 지금의 국방부나 각 군의 본부에 해당하는 핵심 조직이었다.

이순신이 훈련원에서 근무하고 있을 때 병조정랑* 서익徐益이 자신과 가까운 사람의 특진을 시키라고 하는 명령을 하였다.

이순신은 불의를 보면 참지 못하는 성격이라 서익에게 말했다.

"아래 있는 사람을 순서를 바꾸어 승진시키면 마땅히 그 자리에 승진할 사람이 승진하지 못하게 되어 옳지 못하며, 법규도 고칠 수 없습니다."

병조정랑 : 인사 행정을 담당하고 관직의 임명 동의권과 자신의 후임자를 추천할 수 있는 재량권이 있는 막강한 자리였다. 지금의 소령에 해당되는 계급이다.

이순신은 서익의 특혜 인사 요구를 단호히 거부했다.

서익은 자신의 부하인 이순신이 자신의 명령을 거부함에 따라 매우 불쾌했다. 그래서 이순신을 불러와 뜰 아래 세워 놓고 부하들 앞에서 꾸짖었다. 그러나 이순신은 말씨와 얼굴빛을 조금도 변하지 않고 부당함을 말했다.

서익은 본래 오기가 많고 자주 남을 업신여겨 동료들도 꺼리는데 이순신은 거기에 화를 돋게 한 것이었다. 이 일로 인해서 조정에서는 이순신의 인물 됨됨이가 소문나기 시작하였다.

이때부터 서익은 이순신에 대하여 원한을 품게 되었다.

또 한 가지 사건이 있었다. 병조판서 김귀영이 첩의 몸에서 난 딸을 이순신의 첩으로 보내고자 했으나, 이순신은 이를 거절했다. 당시 병조판서라면 지금의 국방부 장관에 해당하는 고위직이었을 뿐만 아니라 서인이 탄핵을 받아 사직할 당시 동인의 핵심 인물이었다. 즉 최고의 권력을 가진 사람이었던 것이다.

김귀영은 이순신이 마음에 들어 자신의 사위로 삼고 싶어 했으나 이순신은 거절하면서 말했다.

"내가 처음으로 벼슬길에 나왔는데 어찌 감히 권세 있는 집안에 의탁하여 승진할 것을 도모하겠습니까?"

말단 직책인 이순신은 스스로 최고의 권력을 가진 집안과 인연을 가질 수 있는 기회를 뿌리쳤다.

이순신은 서울의 훈련원 봉사 생활은 8개월 만에 끝났다. 이순신은 그해1579 10월에는 충남 해미에 있는 충청병마절도사* 의 군관이 되어 10개월간 근무하였다.

이순신이 충남 서산 해미의 병마절도사의 군관으로 좌천되었을 때 남은 녹미녹봉으로 받은 쌀를 반납하고 떠났다. 생계에 필요한 만큼을 사용하고 남은 쌀은 국가의 재산이므로 반납해야 한다는 것이었다.

병마절도사 : 병사라고 줄여서 부르기도 하는 병마절도사는 종2품으로 지금의 별 세 개인 중장에 해당되는 계급이었다.

　이순신은 공과 사의 구별을 본인에게뿐 아니라 모든 관직에 있는 사람에게도 적용하도록 강조하였다. 이러한 대원칙에 대한 신념은 지위고하나 남녀노소를 가리지 않고 일정하였다. 이순신은 엄격하리만큼 공과 사를 구분하여 항상 자신의 강직함을 보여주었다.

　결국, 이순신은 평생 도덕적으로 깨끗한 사람으로 정평이 나 있어 불만 세력들도 이 부분을 문제 삼지는 못했다. 만약 공과 사가 명확하지 않았다면 이순신은 더 빨리 역사 속에서 기억되지 못했을 것이다.

03 파면당하다

이순신은 군관으로 부임한 것이 35세 때의 10월이었는데, 36세가 된 해 7월에는 전라도 발포_{현재의 전남 고흥군 도화면 내발리} 만호* 로 파격적인 승진을 하였다. 이전의 종8품과 비교했을 때 무려 8계급 특진이었다. 이러한 파격적인 인사가 이루어질 수 있었던 것은 당시 조정에서 승지로 있던 유성룡의 천거였을 것으로 추측된다.

이순신은 관직에 나가 육군으로 활동하였는데 수군으로서 첫발을 내디딘 곳이 바로 전라도 고흥의 발포였다.

이순신이 발포 만호로 있을 때 그의 직속상관인 전라좌수사 성박이 사람을 시켜 편지를 보내왔다.

편지에는 이렇게 적혀 있었다. "내가 거문고를 만들고자 하니

___

만호 : 수군 조직은 수사 밑에 첨사와 만호라는 직책이 있었다. 만호는 종4품으로 지금의 중령에 해당되는 계급이며 지역의 방어를 책임지는 현장 책임관이었다.

발포영 객사 앞 뜰에 있는 오동나무를 베어서 보내시오.”

이순신은 말했다.

“관내의 오동나무는 나라의 것이지 사사로이 쓸 수 있는 개인의 것이 아닙니다.”라고 거절하였다.

성박은 노발대발하였으나 이순신은 끝내 뜻을 굽히지 않았다.

이로 인해 이순신의 강직함은 또다시 세인에게 주목받게 되었다.

이순신은 한때 직속상관이었던 전라좌수사 이용의 눈 밖에 나서 근무 성적을 최하위로 받은 사건이 발생한 적이 있었다. 전라좌수사라면 지금의 별 두 개인 소장 정도의 계급이었다.

이순신을 시기한 사람이 이용에게 이순신의 나쁜 점을 보고하여 이순신을 잘 모르던 전라좌수사는 근무 성적을 가장 나쁘게 주었다.

당시 전라도 도사* 조헌은 이순신에 대한 부당한 근무 평가 사례를 보고 이용에게 말했다.

“이순신의 방비 태세에는 문제가 없으며 이순신에 대한 근무 성적 최하위 평가가 잘못되었습니다.”

전라좌수사 이용은 자신의 판단이 잘못되었음을 깨달았다.

그러나 이순신의 발포 만호 생활은 파면이라는 중징계로 끝났다.

도사 : 지방을 순찰하고 규찰하는 감사

마침 이순신에게 원한을 갖고 있던 서익이 왕의 특명으로 지방에 파견되어 실무를 조사해 보고하는 특사인 군기경차관의 자격으로 발포에 내려온 적이 있었다. 서익은 이순신이 군기, 즉 병기를 제대로 보수하지 않았다는 보고서를 상부에 올렸다. 그리고 이 보고서로 인해 이순신은 파면되었다.

이순신이 3년 전 서익과의 악연으로 인해 파면당한 때는 이순신의 나이 38세이던 1582년 1월이었다.

04 아닌 것은 아니다

파면당한 이순신은 1582년 5월에 다시 훈련원 봉사로 복직하게 된다. 파면에 따른 공백 기간은 4개월이었다. 이순신이 파직의 아픔을 딛고 관직 생활을 다시 시작했으나 문제는, 다시 35세 때의 예전 직책으로 그대로 돌아간 것이다.

이순신이 다시 한양의 훈련원에서 근무한다는 사실을 알게 된 이조판서 이율곡은 이순신에 대해서 궁금해했다. 이율곡은 유성룡을 통해 이순신을 만나보기를 청했다. 당시 이율곡은 학문이 세상에 이미 알려져 있었고, 조선의 관부 중 핵심 부서인 이조의 장관이었다. 이율곡은 이순신과 같은 덕수 이씨로 4대 조상부터 나뉘어 19촌 간이었으며 이율곡이 이순신보다 아홉살이 많았다.

예전부터 주변에서는 이러한 관계를 알고 이순신에게 이율곡을 찾아가 만나기를 청했다. 그러나 이율곡을 만나는 것이 옳지 않다고 생각하고 만나는 것을 꺼려했던 적이 있었다.

그런데 이번에는 이율곡이 만나자고 연락이 온 것이다.

그러나 이순신은 "같은 성씨라는 점에서는 만나보아도 무방하다 하겠으나 그 분이 인사권을 쥐고 있는 처지니 만나보지 않겠다."라고 거절하였다.

자신이 이율곡을 만나면 무언가를 부탁하게 되는 것처럼 생각하게 될 것이고, 나아가 이율곡에게 부담이 될 수 있었기 때문이다. 남들에게 조금이라도 의심받을 일을 할 필요가 없다는 것이 이순신의 생각이었다.

이 시기 이순신에게는 또 하나의 사건이 일어났다.

어느 날 이순신의 화살 통을 본 병조판서 유진이 화살 통이 탐이 나서 달라고 청했다.

"이것을 드리는 것은 어렵지 않지만, 이 일로 인해 대감과 제가 더러운 소리를 들을까 두렵습니다."

병조판서는 이순신의 직속상관이라 자신의 인사권에 영향을 줄 수 있음에도 불구하고 화살 통을 달라는 사소한 제안을 거절하였다. 이 일로 병조판서 유진은 무안을 당하게 되었다.

이순신은 훈련원 봉사로 복직한 지 14개월이 지나 1583년 7월

여진족이 자주 출몰하는 함경남도로 전근을 갔다. 마침 함경남도 병마절도사는 이용이었는데, 이용은 이순신이 발포 만호로 있을 때 근무 성적을 최하로 주었고 파면될 때까지 전라좌수사로 있던 직속상관이었다.

이용은 그때 이순신을 잘 알아주지 못했던 것을 깊이 뉘우치고 이순신을 자신의 군관으로 임명해 밑에 데려다 두었다.

함경남도 병마절도사 이용의 군관으로 있던 이순신은 3개월이 지나면서 다시 건원보 권관으로 자리를 옮겼다. 건원보는 함경도 북쪽의 여진 방어 진지로 고려 시대에는 여진족의 거주지였으나 윤관이 정벌하여 그들을 두만강 건너편으로 쫓아낸 곳이었다. 조선 시대에도 그 지역에 대한 여진족의 침입이 계속되어 세종 때인 1428년에는 김종서가 그들을 정벌한 적도 있었다. 따라서 그곳을 방어하기 위해 설치된 건원보는 단연 최전선이라고 할 수 있었다.

이순신이 권관으로 부임하자마자 여진족이 침입해 왔다. 그 전투에서 이순신은 여진족의 족장인 울지내를 유인한 후 복병으로 생포하는 전과를 올렸다. 이순신의 첫 승전보였다. 이 전과를 바탕으로 이순신은 한 달 만에 훈련원의 정7품인 참군* 으로 승진하여 한양으로 재진입하였다. 이때 원균도 그 전투에서 조산보 만호의 직위로 공을 세워 부령 부사로 승진했다.

참군 : 훈련원의 관직으로 정7품

상관이 부당한 명령을 내리면 대부분의 사람은 부당하게 느끼면서도 상관의 청을 어쩔 수 없이 따른다. 부득이하게 상관의 청을 들어줄 수 없으면 둘러대거나 대충 얼버무리기도 한다. 하지만 이순신은 그것을 정면으로 거부했다.

이순신은 부당하게 나라에 속한 물건을 달라 하면 지위고하를 막론하고 부당함을 깨우쳐 주었다.

05 1차 백의종군을 하다

　이순신은 훈련원의 정7품인 참군으로 한양에서 살다가 아버지가 별세했다는 소식을 들었다. 1583년 11월 15일 충남 아산에서 아버지가 별세했지만 불편한 교통으로 인해 다음 해 1월에야 이순신에게 전해졌다. 이순신은 아버지의 상을 치르기 위해 온양으로 갔다. 이순신은 아버지의 묘 옆에 움막을 짓고 삼년 상을 치렀다.

　1586년 이순신은 42세의 나이에 사복시 주부* 로 복직했다. 이순신이 임명된 사복시는 궁중에서 사용하는 말을 기르고 가마, 외양간, 목장 등을 맡아보던 관아였다. 사복시에 임명받은 지 16일 만에 이순신은 유성룡의 천거로 원균이 있었던 조산보 만호로 임명되었다. 조산보는 함북 북동단에 있는 경흥에서 약간 떨어져 설

주부 : 종6품으로 지금의 대위 계급에 해당한다.

치된 국경 수비대였다. 이순신의 직책은 만호, 즉 발포만 호로 파면을 당하기 직전의 지위와 같았다.

38세에 파직을 당하고 무려 4년이 지난 42세에야 그때의 계급으로 복귀한 것이다.

조산보 만호로 북방의 여진족을 막는 임무를 수행 중이던 이순신은 1587년 새로운 임무를 겸임하게 되었다. 그것은 러시아와 두만강을 사이에 두고 있는 국경 지대인 녹둔도의 둔전관이었다.

조정에서는 오랑캐들의 노략질이 심하고 녹둔도가 오랑캐 땅 인근에 있으므로 방어에 적절한 인물을 엄선해 보내기로 하였다. 그리하여 이해 8월에 이순신을 조산만호로 발령하고 둔전관* 을 겸직하도록 하였다.

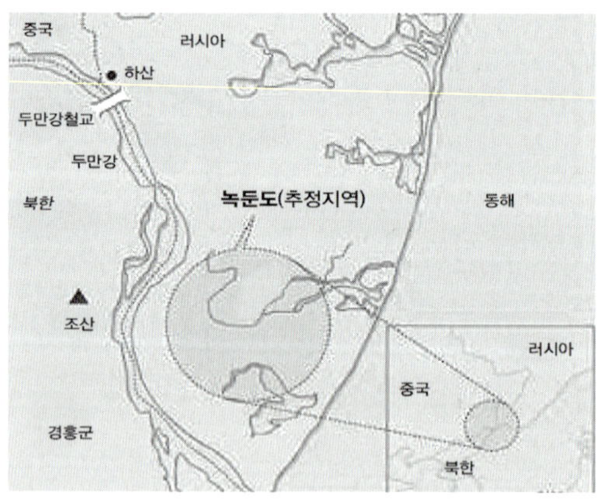

| 녹둔도

이순신은 둔전관으로 부임하여 녹둔도라는 섬에 있는 농토에 씨를 부리고 추수하는 일 등을 관장하고 백성들을 보호하였다.

녹둔도는 여진족의 침입이 빈번한데도 수비가 매우 허술하였다. 이에 이순신은 병마절도사 이일에게 여진족의 세력이 심상치 않음을 알리고 병력을 증원해 줄 것을 요청했지만 이일은 이를 거절했다.

1587년 8월 경흥부사* 이경록*과 이순신은 군대를 인솔하고 녹둔도로 가서 추수를 하고 있었는데 여진족이 이순신의 군영을 기습 침입했다. 당시 군영에는 50여 명의 군사만이 있었기에 여진족의 침입에 수비망이 무너져 11명의 병사가 살해되고, 군민 160여 명이 납치되었으며 말 15필을 약탈당하는 큰 피해를 입었다.

다행히 백성들의 추수를 돕던 이순신이 뒤늦게 보고를 받고 부사 이경록과 함께 소수의 병사를 이끌고 와서 적군을 격퇴했다. 이순신은 다리에 화살을 맞았지만 부하들이 놀랄까 봐 몰래 혼자서 화살을 뽑아 버렸다. 그리고 적장 3인의 머리를 베고 여진족에게 납치된 군민 60명을 구출했지만 이미 큰 피해를 입은 뒤였다.

그러나 함경북도 병마절도사 이일은 크게 당황해 이 사건을 여

부사 : 종3품의 벼슬로 지금의 준장에 해당한다.
이경록 : 1576년 식년 무과 시험에 합격한 이순신의 동기생으로 두 사람의 인연은 이 녹둔도 전투 이후에도 계속 이어졌다.

진족의 기습에 의한 패전으로 규정했다. 이일은 이순신에게 모든 죄를 뒤집어 씌우는 긴 장계를 올렸다. 그는 패전에 대한 책임을 이경록과 이순신에게 지우고 사형에 처하려 했으나 원로 대신 정탁 등의 탄원으로 이경록과 이순신은 사형을 면했다. 그러나 이순신도 파직되어 백의종군을 시작하게 된다. 도순찰사* 정언신* 의 변호로 이경록과 이순신은 무죄로 판명되었으나 백의종군*은 계속되었다.

도순찰사 : 도순찰사는 전시에 지방의 병권을 가졌던 정3품 순찰사를 지휘하는 직책으로서 종2품에 해당되니 지금의 중장 정도였다.
정언신 : 정언신은 기록상으로 볼 때 유성룡과 함께 동인의 핵심 인물로 나중에 우의정까지 올랐다.
백의종군 : 장졸이 상관의 명령을 어기거나 실수를 했을 경우, 계급을 박탈하고 일개 병졸로 강등시킨 다음 평민의 옷인 흰옷을 입고 나라를 위해 싸우게 함

Tip

이순신은 너무나 강직한 성격으로 인해 계속 상급자와 마찰을 빚고 원하지 않는 전출과 하급관리로 전전하게 되고, 모함과 강등의 연속이었다. 그렇지만 이순신은 현실과 타협하지 않고 자신이 목표했던 올바른 관리가 되어야겠다는 마음으로 일관하였다. 수많은 어려움이 있었지만 포기하지 않았다. 결국, 이순신은 잦은 역경 끝에 1591년 47세에 겨우 전라좌수사로 임명받게 된다.

06 여진족을 토벌하다

조선은 여진족의 습격을 문제 삼아 토벌하기로 결정했다. 4개월이 지난 후 북병사* 이일은 종성부사* 원균, 이순신, 이경록 등과 2,500명의 군사를 동원하여 두만강을 건너 새벽에 야인들의 집결지를 급습하여 적 330여 명을 죽이고 말 30필, 소 20두를 얻는 전과를 올렸다.

당시 이순신과 이경록은 백의종군 상태이므로 직급이 '급제'*였다. 이 전투에서 이경록과 이순신은 큰 전공을 세워 사면을 받아 백의종군의 신분에서 벗어났다.

이 전투에서는 원균도 같이 참여하여 이순신과 마찬가지로 공을 세웠다.

북병사 : 조선 시대 함경도의 세 병영 가운데 북병영에 두었던 병마철도사.
종성부사 : 종3품으로 현재의 준장급이다.
급제 : 과거에 급제했으나 관직이 없는 자를 말한다.

　　원균과 이순신은 과거 조산보 만호로 있을 때 여진족을 무찌른 공으로 승진한 반면에 이순신은 조산보 만호일 때 녹둔도의 둔전관을 겸임하다 여진족의 습격으로 백의종군을 하는 불운을 겪었다. 그러다 같은 전투에 참가해 서로 공을 세웠다.

　　이순신은 백의종군에서 벗어나 반년 뒤인 6월에 아산으로 낙향해서 시간을 보냈다. 이순신이 아산에서 시간을 보낼 때 조정에서는 이순신의 등용에 대해서 논쟁이 많았다. 상당히 빠르게 승진했지만 일부 대신들의 반대를 받아 취소되는 사례가 많았다.

　　1589년 2월 아산에서 8개월을 지나자 전라도 순찰사 이광의 군관으로 복직되었다가 10월 선전관* 으로 옮겼고 12월 정읍현감*에 제수되었다. 1590년 7월에는 유성룡의 추천으로 평안도 강계도호부 관내의 고사리진高沙里鎭 병마첨절제사종3품에 임명되었다. 파격적인 승진이었는데, 대신과 삼사*의 반대로 취소되었다. 한 달 뒤 다시 평안도 만포진 병마첨절제사에 제수되었지만 역시 대신들의 반대로 무산되었다.

선전관 : 선전관청에서 일하는 관리를 말한다. 깃발과 북으로 병사의 좌립과 진퇴를 호령하거나 임금의 거동 때 군악을 시작할 것을 왕 앞에서 아뢰고 임금의 호위, 왕명을 전달하는 일을 하였다.
정읍현감 : 지방을 다스리는 수령 중에서 가장 낮은 직책으로 품계는 종5품. 지금의 읍장이나 면장에 해당하는 직책
삼사(三司) : 조선 시대 사헌부, 사간원, 홍문관을 아울러 이르는 말. 당시 언론 기능을 수행했다.

07 일본에 통신사를 보내다

도요토미 히데요시는 임진왜란이 일어나기 1년 전에 이미 일본 전역에 조선과의 전쟁을 위해서 출병 준비를 하였다. 일본이 출병 준비에 박차를 가하고 있을 때 도요토미 히데요시는 끈질기게 조선에 통신사 파견을 요구하였다.

통신사는 원래 조선 태종 때부터 조선과 일본 사이에 외교관계가 성립되자, 조선 국왕과 일본 막부가 각기 양국의 최고 통치권자로서 외교적인 현안 문제를 해결하기 위하여 사절을 각각 파견하였다. 이때 조선 국왕이 일본 막부에게 파견하는 사절을 통신사, 막부가 조선 국왕에게 파견하는 사절을 일본국왕사라고 하였다.

조선에서는 일본의 조선 침공을 탐지할 목적으로 1591년 서인의 대표인 황윤길과 동인의 대표인 김성일, 허성, 정탁을 차출하여 일본에 통신사로 보냈다.

그러나 일본을 다녀온 통사신들은 서로 전혀 다른 관점으로 보고하였다.

서인의 대표인 황윤길은 "도요토미의 눈빛이 빛나고 일본이 출병 준비를 하고 있어 반드시 전쟁이 날 것입니다."라고 보고하였다.

동인의 대표인 김성일은 "도요토미의 눈이 쥐와 같고 신은 그러한 징조를 보지 못했습니다."라고 했다. 그리고 "침략의 징조를 발견하지 못하였는데, 황윤길이 장황하게 아뢰어 민심을 동요시킨다."라는 의견을 내놓았고, 조정에서는 김성일의 의견을 선택하였다.

조선 조정은 김성일의 말에 무게를 두고 아무런 대책도 준비하지 않는 채 무사안일에 빠져 있었다. 그러나 도요토미 히데요시의 국서에는 이미 명나라를 침략하기 위해 길을 빌려 달라는 '정명가도'가 있었기 때문에 조선 침략에 대한 준비는 계속하였다. 일본은 조선 침공에 28만 명의 병사를 준비했고, 이 중에 15만여 명은 직접 조선 침공에 나섰다.

일본의 주력 부대인 일본 육군은 조총으로 무장하고 있어서 활을 사용하던 조선 수군에 비해 화력 면에서 월등히 앞서고 있었

다. 그리고 일본 육군은 일본이 통일되기까지 내부적으로 수많은
전투와 전쟁을 경험했기 때문에 일본 군사들은 전쟁의 달인이었
다. 이러한 일본의 전투력 상황을 고려한다면 임진왜란 초기 조선
의 패전은 당연한 결과였다.

도요토미 히데요시는 외교적으로 싸움을 하지 않고 조선을 정
복하기를 원했을지도 모른다. 전쟁을 통해 정복한다면 일본 역시
많은 피해를 입게 되어 손해가 크기 때문이다. 그래서 도요토미
히데요시는 막강한 군사력을 자랑하여 조선이 주눅 들어 싸우지
않고 조선을 이기기 위해 통신사의 파견을 적극적으로 조선에 요
청했는지도 모른다. 하지만 조선은 이러한 것조차 눈치를 채지 못
하고 있었다.

당파 싸움에 빠져 국가의 앞날엔 전혀 관심이 없었던 조선은
정명가도의 구실로 침공하는 일본에게 그대로 당할 수밖에 없었
다. 조선 조정이 조금이라도 앞날을 내다보는 지혜가 있었다면 임
진왜란과 같은 참담한 일에 조금이나마 대비할 수 있었을 것이다.
미래를 보지 못하는 조선 조정은 임진왜란을 스스로 자초했는지
도 모른다.

당쟁에 따라 동인과 서인의 통신사 의견이 다르다고 하더라도
국가의 위험 부담을 최소화하기 위해서는 조정은 전쟁 준비를 했

어야 했다. 황윤길이나 김성일의 보고가 맞고 그른 것이 중요한 것이 아니라 조정의 태도가 잘못된 것이다.

조선 백성의 안전과 평화를 위한 일이라면 황윤길의 이야기에 좀 더 많은 관심을 가지고 대비책을 논의했어야 했다.

율곡 이이도 죽기 전에 10만 대군 양병설을 통해 일본의 침략에 대비해야 한다고 했다. 그러나 조선 조정은 무엇을 어떻게 준비해야 하는지도 모르고, 어떻게 처리해야 할지도 모르고 있었다. 참으로 안타까운 것은 적은 전쟁을 준비하고 있는데 우리는 당파로 자기의 이익만을 추구하였던 것이다.

| 통신사 행차도

08 전라좌수사로 부임하다

　이순신은 1591년 수군절도사[*]로 승진하고 얼마 후 전라좌수영
에 부임하였다. 이순신은 1589년 말부터 전라좌수사가 된 1591년
2월까지 6번의 관직을 임명받았지만 제대로 부임한 적이 없었다.
조정 대신에 대한 불만이 많았겠지만, 이순신의 나라를 생각하는
마음에는 흔들림이 없었다.

　마침내 1591년 2월 13일 이순신이 나이 47세에 전라좌수사로
임명되어 여수에 있는 전라좌수영에 부임하게 되었다. 드디어 이
순신은 임진왜란을 통해 역사적 임무를 수행할 수 있는 자리인 전
라좌수사로 부임하게 된 것이다.

　여수는 이순신에게 있어 기회의 땅이었다. 전라좌수영은 조

수군절도사 : 각 도 수군을 총지휘하기 위하여 두었던 정3품 외관직 무관으로 전라좌수영을
지휘하는 장군을 전라좌수사라고 한다.

선 성종 10년1479에 최초 설치되어 고종 32년1895에 없어질 때까지 400여 년간 조선 수군의 남해안 방어를 위한 중요한 위치로 전라도 지역의 정치와 행정의 중심이 되었다.

임진왜란 당시 전라좌수영의 관할에는 순천·낙안군·보성군·광양현·홍양현 등 다섯 고을과 해안 방위의 소임을 맡고 있는 속진인 방답진·사도진·여도진·발포진·녹도진 등 다섯 진포가 있었다.

이순신의 생애 가운데 장수로서의 덕과 재능을 유감없이 발휘하여 구국의 뜻을 편 때가 전라좌수영과 인연을 맺은 8년간이라 할 수 있다. 그뿐만 아니라 이순신이 적탄에 맞아 최후를 맞이한 노량해전도 여수반도 건너편 남해도 관음포 앞바다였다.

이렇게 이순신이 삶의 가장 중요한 부분을 보낸 여수는 전라좌수영의 본거지라는 의미뿐 아니라 이순신의 부임과 노량해전에서의 마지막 생명을 다한 곳으로서 이순신의 처음과 마지막을 함께한 곳이다. 그러므로 여수와 이순신의 관계는 실과 바늘과 같이 늘 연상이 되는 곳이다.

| 전라좌수영 진남관 : 국보 제 304호. 여수 8경 가운데 제4경에 속한다.

이순신은 전라도와 인연이 깊으며 특히 여수는 그의 인생의 전환기를 지낸 곳이다. 이순신이 전라좌수사로 부임하면서 인생의 전환점이 된 곳이 바로 여수다. 어쩌면 그동안 수많은 고난의 시간은 여수에서 모든 것을 쏟아 부어 이순신의 진면목을 보여주기 위한 준비 시간이었다.

이순신은 "만약 호남이 없었으면 곧바로 나라는 없어졌을 것이다약무호남 시무국가 : 若無湖南 是無國家."라고도 하였다.

늦은 나이에 관직에 나와서 변방을 돌아다니며 다양한 경험을 한 이순신은 여수에서 모든 힘을 다해 임진왜란을 준비하고 모든 경험과 지혜와 기술을 여수라는 전라좌수영의 용광로에 녹였던 것이다.

09 거북선을 만들다

여수에 가면 이순신의 발자취가 많이 있는데 그중의 하나가 선소이다. 선소는 군선을 만들던 곳으로 이 선소에서 거북선을 만들었다. 선소에서는 전선도 만들고 화포 시험도 하였다.

| 선소

선소는 포구 안쪽을 둥글게 담을 쌓아 만든 공간이다. 선소의 해상 입구에는 가덕도와 장도가 천연의 방패를 이루고 있어 바다에서 보면 선소만船所灣이 전혀 보이지 않는다. 그리고 바다인지 호수인지 분간하기 어려울 정도로 해면이 조용한 전략적인 중요한 위치다. 선소의 중심부에는 직경 40m면적 1,338㎡ 정도의 굴강屈江: 거북선을 건조하고 수선한 곳이 있는데, 이는 선박의 대피소로 쓰던 곳이었다.

결국, 상대적으로 근접해서 싸우는 것에 강한 일본과의 해전에서 이기려면 왜군이 조선의 배에 올라오지 못하게 한 상태에서 전쟁을 수행해야 했다. 이순신은 이러한 필요에 의하여 고민하고 있던 차에 조선 태종 때 한 번 만들어졌었던 거북선을 발견하였다. 이순신은 군관 나대용에게 도편수목수의 우두머리 역할을 맡겨 거북선을 건조하게 하였다. 나대용과 병사들이 배 만드는 일에 메달린지 1년 만인 1591년 4월 마침내 '거북선'이 탄생한다.

거북선이라는 이름은 조선왕조《태종실록》에 처음 나온다. 태종 13년 2월에 "왕이 임진나루를 지나가다가 거북선과 왜선으로 꾸민 배가 수전 연습을 하는 것을 보았다." 라는 구절이 있다. 그러나 태종 때의 거북선은 평전선만이 있을 때였으므로 임진년의 거북선과는 그 구조가 달랐을 것이다.

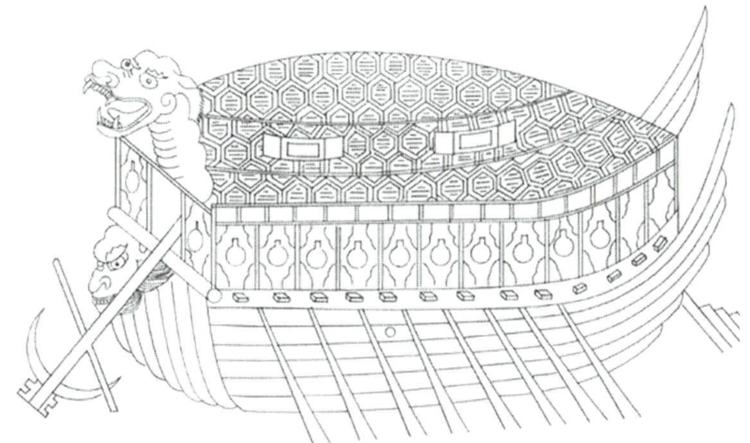

전라 좌수영 거북선
통제영 거북선과 함께《이충무공전서》에 수록된 거북선이다.

거북선은 마치 거북이를 닮았다고 해서 거북 귀龜자를 써서 귀선龜船 또는 구선이라고 하였다. 당시 전라좌수영에선 3척의 거북선을 만들었는데, 전라좌수영 선소에서 직접 만든 영귀선, 지금의 돌산읍 군내리인 방답진 선소에서 만든 방답귀선, 그리고 순천부에 속했던 시전동 선소에서 만든 순천귀선이 그것이다.

거북선은 최대로 150명까지 탈 수 있었으며, 내부는 2층으로 되어 있고 아래에선 노를 젓고 짐을 실었으며, 위에서는 총포를 쏠 수 있게 하였다. 거북선 위 지붕에는 기어오르는 적을 막기 위해 여러 개의 못을 박아 놓았고, 좌우에는 16개의 노와 2개의 돛이 있어 빨리 움직일 수 있었다. 거북선의 특징은 앞뒤 2개의 출입문과 지붕에 4개의 비상문이 있고 앞의 용머리에서는 연막을 터뜨려 적을 혼란시켰다. 또한, 철갑과 철창으로 뚜껑을 덮고 있고 옆으로 젓는 바이킹노가 아닌 배 밑으로 젓는 노를 사용하였기 때문에 충돌 시에도 안전하였다.

거북선은 상대방의 지휘선을 공격하고 적 함대의 대열을 흩뜨리는 돌격선으로 왜군들의 사기를 꺾어 놓는 역할을 하였다. 함대의 대열이 흐트러지고 사기가 꺾인 일본 수군에게 이순신은 학익진학이 날개를 펴는 모습이라는 탁월한 전술을 펼쳐 화포 공격의 집중성과 효율성을 극대화하였다.

그러나 아쉽게도 거북선은 원균의 칠천량해전 때 모든 거북선이 침몰하게 되었고 후세에 남겨지지 못하였다. 그래서 명량해전이나 노량해전은 거북선이 없는 조선의 판옥선 대 일본의 안택선과의 싸움이었다. 그러나 이순신은 거북선이 없었어도 왜군을 크게 이겼다.

이순신의 호기심으로 인하여 거북선이 출현하게 되었지만, 거북선이 진정 강할 수 있었던 것은, 거북선이 무적의 함선이어서가 아니라, 그것을 운영하는 조선 수군의 노련함과 이순신의 뛰어난 역량이 있었기 때문이다.

　거북선은 이순신의 분신과도 같은 것이었고 전쟁에서 가장 큰 공로를 세운 전선이었다. 거북선에는 이순신의 나라 사랑과 창조 정신이 담겨 있다. 이순신은 거북선이라는 창의적인 전함을 만들었을 뿐만 아니라 '학인진' 이라는 탁월한 전술을 개발하여 일본 수군을 무찔렀다.

10 일본 침략에 대비하다

임진왜란이 일어나기 전 일본에서는 도요토미 히데요시가 분열되었던 전국시대를 통일하여 국력을 결집시키고 있었다. 미천한 신분이었던 히데요시는 일본에서 최고의 자리에 오를 만큼 치밀하고 잔인하였다. 도요토미 히데요시는 100년이 넘는 내란과 전쟁에 의해 불안한 정국을 극복하기 위해서 명나라를 공격한다는 빌미로 조선 침략의 계략을 꾸미고 있었다.

이러한 일본의 움직임에도 불구하고 당시 조선 조정은 당파 싸움에만 빠져 있었고, 설상가상으로 잦은 민란과 흉년으로 인해 국력이 극도로 약해지고 있었다. 조선의 모든 땅은 피폐해졌으며 양반들의 사리사욕으로 백성들의 불만은 극에 달한 상태였다.

국란을 대비해야 할 대부분의 군영은 부패했으며 군인들의 기강은 해이해졌고, 백성들이 군에 대한 불신으로 군사를 모집하여 훈련시키는 것조차 어려웠다. 더군다나 수군의 방어 체계를 믿지 못하는 조정은 해전보다는 육지에서의 방어에 신경을 쓰고 있었다. 이처럼 임진왜란이 발발하기 직전의 조선은 바람 앞의 촛불처럼 위기 앞에 아무런 준비가 되어 있지 못한 상태였다.

전쟁을 수행하기 위해 전라좌수영이 거느리고 있어야 할 전선은 50척이었고 군사는 8,000명을 보유해야 했다. 그러나 이순신이 부임하던 때에는 불과 25척의 판옥선과 4,000명의 병사만이 있었다. 절반 밖에는 준비가 되지 못했었다. 이러한 상황에서 임진왜란이 발발하기 14개월 전에 전라좌수사로 부임한 이순신은 홀로 침략에 대비하기 시작했다.

조선의 조정에서는 전쟁이 나지 않는다고 결론을 내렸지만, 이순신은 세상의 흐름을 보니 분명히 일본이 조선을 침략할 것이라는 결론에 도달했다. 그는 전라좌수영이 보유 중인 전선을 수리하고, 무기를 정비하고 화약을 비축하는 한편, 봉수대를 쌓고, 거북선을 건조했다. 또한, 군대를 강하게 만들기 위해서 불철주야 훈련시키는 등 일본의 침략에 만전을 기했다.

당시 조선의 육군은 조선 초기에 만들어진 군사 체제가 무너져 사실상 유명무실해졌다. 당시 지방군은 진관제로 전쟁이 일어나면 자기가 맡은 지역을 스스로 지키도록 하는 개념이었다. 그러나 지역별로 자기 구역을 맡아 지킬 수 있는 능력이 갖추지 못한 지역이 많아 문제점을 드러내고 있었다. 그나마 조선 수군은 왜구의 잦은 출몰을 대비하다 보니 육군보다는 강했지만 임진왜란이 발발하기 직전에는 이 모든 것이 유명무실한 상태였다.

이순신은 왜군이 전라좌수영인 전라남도 여수까지 닿지 못하도록 대비를 해야 하기에 본영 수비를 위하여 5척의 판옥선을 더 건조하여 본영인 여수에 배치하고, 군사 500명 이상을 징발하여 만전을 기하였다.

이순신의 이와 같은 철저한 준비는 전쟁에서 승리하기 위한 기본 바탕이었다. 유비무환이라는 말을 인터넷에서 단어 검색을 해보면 대부분 이순신에 대한 이야기로서 그만큼 유비무환하면 이순신을 떠올릴 정도로 그는 임진왜란을 철저하게 준비한 사람이었다. 당시 조선에서는 이순신의 전쟁 준비를 비난하거나 쓸모없는 것이라고 생각하기도 하였다. 그러나 이순신은 미래를 보는 지혜를 가졌기 때문에 전쟁 준비에 만전을 기했다. 결국, 이순신은 미래에 대해 철저하게 대비했기 때문에 조선을 왜군으로부터 지켜낼 수 있었으며, 왜군을 물리칠 수 있게 되었다.

　이순신은 다가올 왜군의 침략에 대해서 완벽하게 준비하고 있었기 때문에 전쟁이 두렵지 않았다. 이처럼 준비하는 자에게는 미래를 볼 수 있는 지혜가 생기게 된다. 우리도 미래를 위해서 자신의 목표를 세우고, 목표에 도달하기 위한 준비하다 보면 이순신처럼 미래를 볼 수 있는 지혜를 갖게 될 것이다.

11 화포를 만들다

이순신은 화약의 폭발력으로 포탄을 발사하는 총통대포을 개량하여 해전에서 아주 필요하게 사용했다. 원래 총통은 고려 말 최무선이 개발한 이래 조선 시대까지 왜군을 물리치는 데 주력 무기로 사용되었다. 이순신은 최무선이 개발한 총통을 모방에만 그친 것이 아니라 어떻게 하면 더욱 효과적으로 사용할 수 있을까를 고민하여 신무기를 개발하였다. 실제로 임진왜란 당시 해전에 사용했던 화기는 20여 종에 달하며, 수군의 주력선인 판옥선이나 거북선에 주로 장착되었던 대표적인 총통으로는 천자총통天字銃筒, 지자총통地字銃筒, 현자총통玄字銃筒, 황자총통黃字銃筒이 있었다.

총통에는 대장군전大將軍箭 · 장군전將軍箭 등과 같은 대형 화살 형태의 큰 화살이나, 둥그런 모양의 크고 작은 쇠로 만든 포탄과 많은 파편을 발생시키는 조란환鳥卵丸 등의 포탄을 넣고 발사했다. 사거리는 장군전이나 포탄은 모두 500미터가 넘는다.

대장군전은 종래의 화살을 크게 발전시킨 것으로, 무게 30kg, 길이 180cm의 무쇠 화살로 천자총통으로 발사한다. 대장군전은 적의 배를 관통시키거나 부수어 침몰시키는 중요한 무기로써 임진왜란 당시 해상에서 막강한 위력을 발휘했다.

화포명	길이(cm)	구경(mm)	발사물(화포식언해)	사거리
천자총통	130 ~ 136	113 ~ 130	대장군전 1발, 100발	900보 10여리
지자총통	89 ~ 89.5	105	장군전 1발, 100발	800보
현자총통	79 ~ 83.8	60 ~ 75	차대전 1발, 100발	800보 1500보
황자총통	50.4	40	피령차중전 1발, 40발	1100보
별황자총통	88.8 ~ 89.2	58 ~ 59	피령목전 1발, 40발	1000보

| 이순신이 만든 화포

이순신의 해전이 승리하게 된 원인에는 부단한 신무기의 개발도 있었지만, 일본 배보다 안정적인 구조를 가지고 있었기 때문이다. 일본의 주력선인 안택선은 건조 기술상 배가 진동에 약하므로 화포를 장착할 수가 없어서 단 1문의 소형포를 줄로 매달아 발사한 반면에 조선의 판옥선은 튼튼하므로 양쪽으로 화포를 장착하

고 발사하여도 이상이 없었다. 결국, 왜군은 화포를 이용하는 조선 수군에 비하여 유효사거리가 50미터밖에 안 되는 주력 무기인 조총을 사용하였기 때문에 왜군은 조총 한번 제대로 쏘지 못하고 전투가 끝날 수밖에 없었다.

이순신은 전쟁을 준비하면서 대포를 만들던 때의 일이다. 이순신이 전선은 다 만들어 갔으나 철이 부족하여 함선에 장착할 포를 미처 준비하지 못했다. 그러나 대포를 만드는 쇠를 구하는 일이 어려웠다. 이순신은 쇠를 구하는 어려움을 보고하였다.

"지자총통 한 자루의 무게가 150_{90kg}여 근이나 되며 현자총통 한 자루의 무게도 역시 50_{30kg}여 근이나 됩니다. 이렇게 물자가 남김없이 바닥난 지금 관청의 힘으로는 손쉽게 쇠를 구하기가 어려울 것입니다. 배를 만드는 일은 거의 끝이 났으나 각종 병기들을 한꺼번에 만들지 못해 참으로 걱정입니다."

이순신은 자신의 모든 방법을 동원하였다. 그는 심지어 민간인을 동원해 쇠붙이를 수집하기도 하였다. 이순신의 다른 보고서에서는 쇠를 구하는 과정에 대해서 보고한 것이 있다.

"신이 승려들을 모집하여 마을마다 두루 다니며 시주를 쇠붙이로 받아 만분의 일이라도 보충하려 했으나 백성들이 곤궁하고 재정은 파탄이 나서 쉽지 않아 밤낮으로 고민하고 있으나 어찌할 바를 모르겠습니다."

이순신은 쇠붙이를 모으는 일을 하면서도 백성에게 피해를 주지 않았다. 병사들이 민가에 들이닥쳐 쇠붙이를 달라고 강요하게 되면 백성들의 원성을 사게 될 것이기 때문이었다. 이순신은 백성의 마음을 불편하지 않게 하면서 적극적으로 동참하도록 유도했다. 그리고 백성들이 스스로 나라를 구하기 위해서 쇠붙이를 내도록 하였다.

　이순신은 언제나 자신이 알고 있는 지식을 바탕으로 미래를 예측하였다. 당시 조선의 조정은 당파 싸움으로 미래를 내다보기는커녕 현실도 제대로 보지 못하였다. 이순신은 여러 상황을 바탕으로 왜군의 침입을 예측하고 왜군을 이길 수 있는 효과적인 신무기들을 개발하였다. 이순신은 기존의 것을 유지하는 것이 아니라 새롭게 변화하는 것이 이기는 방법이라 생각하고 모든 것을 더 나은 것으로 바꾸었기에 승리로 이끌 수 있었던 것이다.

　이순신은 현대를 사는 우리에게 생존하기 위해서는 현실에 안주하기보다는 모든 것을 바꾸어야 한다는 교훈을 주고 있다.

03

임진왜란의 희망이 되다

　임진왜란은 일본 전국시대를 통일한 도요토미 히데요시가 불만을 가지고 있는 세력들의 관심을 전쟁으로 돌리기 위하여 일으킨 전쟁이다.

　이순신은 임진왜란이 발발한 지 23일 만에 옥포해전에서 승리했다. 옥포의 승전보 소식은 계속되는 패배로 희망을 상실한 조선의 첫 희망이 되었다. 매번 지기만 하였던 조선 군사들이 전쟁에서 이겼다는 소식은 절망 속에 있던 백성들에게 희망이 되기에 충분하였다.

　이후 사천포해전, 당포해전, 당항포해전, 율포해전에서 승리하고 한산도대첩에서 대승을 거두게 된다.

　이순신은 전투를 벌이기 전에 그 지역에 대한 정확한 정보를 바탕으로 적군의 통태를 파악하여 작전을 세웠다. 이순신은 적의 약점을 정확히 알고 아군이 가진 장점을 최대한 살려서 백전백승하였다.

　이순신의 공로를 인정하여 선조는 이순신을 삼도수군통제사로 임명한다.

01 임진왜란이 일어나다

임진왜란은 일본 전국시대를 통일한 도요토미 히데요시가 아직 불만을 가지고 있는 세력들의 관심을 전쟁으로 돌리기 위하여 일으킨 전쟁이다. 그러나 명분은 명나라를 쳐서 자기 나라의 식민지로 만들어야 하기 때문에 조선에게 길을 비켜달라고 하였으나 조선이 거부하자 그것을 트집 잡아 일으킨 전쟁이다. 왜군은 명나라로 가는 길이라고 하면서 조선을 치면 힘이 약한 조선을 빼앗을 수 있다고 생각했기 때문이다.

1592년 4월 13일 해질녘 부산 앞바다에 출몰한 왜군이 4월 14일 부산에 상륙하면서 임진왜란이 시작되었다. 이순신이 이러한 소식을 처음 들은 것은 4월 15일이었다. 이날 《난중일기》에는 다음과 같이 적었다.

"해질 무렵 경상우수사 원균이 보내온 문서에 왜선 90여 척이 와서 부산 앞 절영도에 정박하였다고 하고, 같은 시각에 경상좌수사 박홍의 공문이 왔는데 왜선 350여 척이 이미 부산포 건너편에 도착했다고 했다."

그럼에도 불구하고 이순신은 5월 4일에 비로소 출전하게 되는데 이는 왜군이 부산 앞바다에 출현한 지 20일 지나서 출병한 셈이다. 5월 2일 한양이 함락되었기에 이미 전쟁은 조선에 많이 불리하게 돌아가고 있었다.

침략 사실을 이미 알고 있었으나 바로 출전하지 않은 이순신은 왜 그랬을까? 이러한 부분에 대해 많은 사람들이 당시 군대 원칙인 진관제* 때문이라고 말한다. 즉 자신의 지역은 자신이 책임지는 군대의 원칙이 있었기 때문에 이순신은 경상우수영으로 가지 않았다. 그러나 이러한 진관제 때문에 이순신이 출전을 늦추었다는 것은 설득력이 약하다. 우국충정이 강한 이순신이 그대로 앉아 20일을 보낸 것이 진관제 때문이 아니라는 것이다.

이순신이 전쟁이 일어난 지 20일이 지나서 출전하게 된 것은 적에 대한 철저한 정보 수집과 사전 준비를 위한 시간이었다고 해

진관제 : 전국 행정단위의 읍(邑)을 동시에 군사조직 단위인 진으로 편성하여 그 규모에 따라 주진 · 거진 · 제진으로 나누고 각 읍의 수령으로 하여금 군사지휘관의 임무를 겸하게 한 제도.

석한다. 즉 적의 움직임과 전술에 대한 정보를 얻고자 출전을 늦추었을 것이다. 이순신이 여진과의 전투에서도 상당한 공과를 세웠을 때에도 이순신은 적의 정보를 바탕으로 전투를 하였다. 평소 전투에 대한 이순신의 철저한 정보력이 큰 몫을 한 것이다.

이순신은 적에 대해 아는 만큼 승리할 수 있음을 알고 있었다. 그리고 남해 바다의 자연과 조수에 대한 전문가를 통해 우리 지형과 조수에 대해 더욱 자세하게 정보를 파악하고 있었을 것이다. 이미 이순신은 수백 척의 왜군 전선 세력을 보고 어떻게 하면 승전할 수 있을까를 끊임없이 고민하고 있었다.

왜군 전선의 특성을 파악하고 어떻게 괴멸할 수 있을 것인가에 대한 책략을 세우고 있었다. 이순신은 적을 알고 나를 알고 지형을 알고 천기를 아는 것이 승리의 핵심이라는 것을 알고 있었다. 왜군이 침략한 4월 13일 이후에 이순신은 적을 섬멸할 다양한 정보를 수집하고 있었다. 이것이 이순신이 가졌던 전쟁에서 이길 수 있었던 그의 신념이었다.

개전 초기 조선 수군과 일본 수군이 전면전으로 전투를 했다면 분명히 막대한 손실을 입었을 것이 분명하다. 그러나 이순신은 적이 부산포에 상륙하고 육군은 한양을 향해 진격하게 되고 나머지 수군은 해안 여기저기를 돌아다니며 노략질할 것을 알고 있었다.

이순신은 바로 이때를 이용하여 왜군의 전선을 치는 방법을 고안한 것이다. 자연 지형과 조수간만의 상태를 잘 알고 있기에 전면전보다는 훨씬 빠른 속도전을 통해 왜군을 이겨야 한다고 생각하였다.

> **Tip**
>
> 개전 초기 이순신은 무려 20여 일이나 적을 살피고 살폈다. 왜군들이 사용하는 전법과 군의 배치, 그리고 승전할 수 있는 자연과 조수의 흐름을 완벽하게 익혔을 것이다. 그리고 이순신은 1592년 5월 4일 왜군이 부산포에 들어온 지 20일 만에 첫 출전을 하여 옥포해전을 승리로 이끌었다.

02 옥포에서 최초의 승전을 하다

왜군들이 쳐들어오자 조선 육군과 백성들은 일본의 신무기인 조총의 위력에 혼비백산이 되었으며, 도망가기 바빴다. 한마디로 절망적인 상황이었다. 거센 바람 앞 촛불처럼 위태로운 조선의 운명 때문에 이순신의 마음은 편안하지 않았다. 당시 선조는 이미 개성으로 도망을 갔고, 왜군은 한양을 점령했다. 이순신은 정확한 전쟁 상황을 알지 못해 몹시 답답하였다. 그가 알고 있는 것은 우리 군이 육지와 바다에서 모두 패했고 외적이 점점 한양으로 가까이 가고 있다는 막연한 소식뿐이었다.

이러한 어지러운 상황에서 이순신이 온 백성에게 희망을 주는 첫 번째 소식이 옥포해전이었다. 이순신이 이끈 조선 수군이 일본의 도도 다카토라의 함대를 무찌르고 승리한 이 해전을 통해 백성들은 전쟁에서 지기만 했던 패배의식에서 드디어 희망을 찾게 되었다. 그렇기 때문에 옥포해전의 승리는 단순한 승리의 의미보다는 백성들의 희망이었다.

이순신은 적들이 정확히 어디에 포진해 있는지에 대한 정보가 없었기에 경상도 그 해역을 수색하여 적을 잡아야 한다고 생각하여 옥포로 가기로 결정했다.

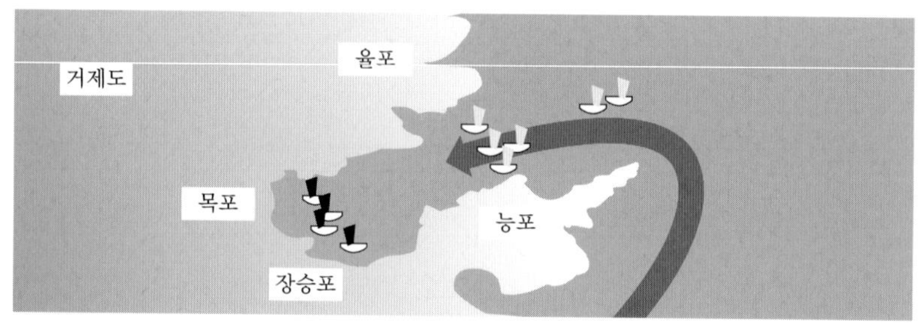

| 옥포해전

옥포해전을 치르기 위해 이순신은 전라좌수영이 있던 여수의 진해루현재 진남관에서 전라좌수영 휘하 5관 5포 지휘관들을 소집하여 회의를 하였다.

이순신은 말했다.

"왜군들이 부산 앞바다에 쳐들어와 우리 땅을 마구 침략하고 있다. 이제 우리가 옥포에 가서 적을 물리쳐야 한다."

부하 지휘관들은 말했다.

“우리는 전라좌수영이 관할하는데 경상우수영 관할 지역을 공격하는 것은 부당한 일입니다. 그래서 부산으로 가는 것은 부당합니다.”

그러나 이순신은 확고하게 말했다.

“우리가 가지 않는다면 조선은 망한다. 나의 명령에 따르지 않으면 모두 목을 치겠다.”

지휘관들은 이순신의 확고한 의지를 알고 더는 만류하지 않았다. 이순신에게는 무엇보다도 절망에 빠져 있는 백성들에게 희망을 주어야 한다고 생각했다.

이순신은 다음 날 새벽에 판옥선 25척과 작은 배 60여 척을 이끌고 당포통영시 산양면 삼덕리 앞바다로 나갔다. 이때 원균은 그가 거느리고 있던 70여 척의 전선을 모두 잃고 겨우 3척으로 합세하였다.

이순신은 거제시 남부면 다대포에서 1,500여 명의 병사들과 하룻밤을 묵었다.

1592년 5월 7일 새벽 다대포를 떠나 북진하던 이순신 함대는 옥포만 안쪽에서 일본 군선을 발견했다. 적들은 옥포에 있었으나 굽이진 다대포는 산들에 가로막혀 조선의 배는 육안으로 보이지 않았다.

이순신은 여러 장수에게 말했다.

“명령 없이 움직이지 말고 조용하고 무겁기를 큰 산과 같이 하라.” 병사들은 이순신의 단호한 명령에 긴장하였다.

이순신 함대는 옥포항에 정박 중인 왜군들을 포위하듯 줄을 지어 한꺼번에 옥포만으로 들어갔다. 포구에서 노략질을 하던 외적들은 우리 전함의 등장에 급히 배에 올라 맞서 싸웠으나 얼마 버티지 못하고 모두 부서졌다.

이순신은 옥포해전에서 왜선 50여 척 중에서 26척을 격침하였다.

5월 7일 5시경에는 지나가는 왜선 5척을 만나 추격하자 왜군들은 배를 버리고 육지로 도망가자 모두 불살라 버렸다.

옥포와 합포에서 승리한 이순신은 5월 8일 남포_{창원시 귀산면 남포리} 앞바다에 이르러 휴식하던 중 적진포에서 왜선이 머물고 있다는 정보를 입수하였다. 전선을 나누어 수색하던 중 왜선을 발견하고 공격하여 왜선 9척을 격침시켰으며 2척을 파손했다.

결국, 옥포해전으로 시작한 전투에서 이순신은 42척을 격침시키고 4,000여 명의 왜군을 물리치는 성과를 냈다. 그뿐만 아니라 승승장구하던 왜군들의 콧대를 꺾는 계기가 되었다.

이순신은 옥포해전을 끝낸 후 임금에게 보내는 보고서에 이렇게 적었다.

“신이 이번 싸움 길에 연안을 두루 살펴보니 지나치는 산골마다 피난민들이 모여 신의 배를 보고 울부짖었습니다. 늙은이와 아이가 짐을 지고 서로 부축하며 흐느껴 울고 부르짖었습니다. 비참하고 불쌍하여 배에 싣고 가고 싶었습니다. 그러나 그 숫자가 너무 많을 뿐 아니라 싸우는 배에 사람을 가득 태우면 움직이지 못할 것이므로 태우지 못했습니다."

선조는 이순신의 공적을 치하하면서 5월 23일 종2품의 가선대부로 승진시켰다.

이순신은 백성들의 어려움을 마치 자신의 어려움처럼 생각했다. 이순신은 항상 왜군들로부터 어떻게 하면 백성들을 지킬 수 있는가를 생각했다. 전투를 수행하더라도 백성들이 피해를 입지 않도록 하였다.

백성들은 이러한 이순신의 마음을 알고 있었기에 이순신이 하자는 대로 하였다. 백성들은 전투가 진행되는 동안에도 죽음이 두려워 도망가지 않았다. 이순신과 함께 있으면 언제든 승리할 수 있다는 믿음감을 가지고 있었다.

이순신은 용감했지만 백성을 사랑하는 마음도 넘쳐나는 위대한 영웅이었다.

　첫 출전한 옥포해전에서 이순신이 첫 번째 승리를 거둘 수 있었던 요인에는 옥포의 오목한 지형을 이용해 적을 가두어 놓고 섬멸시키는 전술을 발휘한 이순신의 지혜가 있었다.

　옥포가 있는 거제도는 해안선이 구불구불하여 많은 만들이 발달해 있는데, 옥포만은 거제도의 다른 만들에 비해 비교적 큰 만이다. 왜군들의 배는 옥포만이 컸기 때문에 정박이 쉬워서 옥포만을 선택하였다. 거제도의 만들은 중간에 산들이 있어서 만과 만 사이가 맨눈으로 관찰할 수가 없게 되어 있다.

　이순신에게는 이러한 지형을 이용하여 정박되어 있던 왜군의 전선들을 포격하는 공격 방법을 선택하였다. 이순신 함대의 주력 부대는 산 뒤쪽으로 숨어 있다가 왜군의 배들이 정박하길 기다렸다. 마침내 모든 배들이 정박하자 이순신은 전선들을 이끌고 좁은 만의 입구를 막아 적들을 가두어 놓고 대포 사격을 하였다. 이순신의 공격으로 인해 왜군은 26척 중에서 한 척도 살아남지 못하게 되었다.

　　옥포의 승전보 소식은 계속되는 패배로 희망을 상실한 조선의 첫 희망이 되었다. 매번 지기만 하였던 조선 군사들이 전쟁에서 이겼다는 소식은 절망 속에 있던 백성들에게 희망이 되기에 충분하였다. 그뿐만 아니라 이제는 싸워도 이길 수 있다는 자신감을 갖게 되었다. 이길 수 있다는 자신감은 결국 임진왜란을 승리로 이끌 수 있는 원동력이 되었다.

03 사천포해전, 당포해전, 당항포해전, 율포해전

사천포해전은 1592년 5월 29일부터 6월 1일까지 치러졌다. 이순신이 이끄는 전라좌수영의 정예 함선 23척과 원균이 이끄는 경상우수영의 함선 3척 등 총 26척이다. 사천포해전에서는 거북선을 최초로 실전에 투입하였다.

일본 수군은 서해안으로 진출하기 위해 계속 기회를 엿보고 있었다. 이순신 함대는 이러한 일본 수군을 공격하기 위해 5월 29일 사천 앞바다에서 경상우수영 수군과 합류하였다. 이어 해안선을 따라 사천 선창으로 도망치는 왜군 척후선 1척을 격침시킨 뒤, 계속 나아가 사천 포구에 이르렀다.

항구에는 왜군 대선 12척이 매여 있고, 뒷산에는 왜군이 진을 치고 있었다. 이순신 함대가 접근하자 왜군은 완강히 저항하며 맞섰다. 마침 썰물 때라 전선을 포구에 댈 수 없어 아군 함대는 작전상 후퇴하며 적군 일부를 먼바다로 유인하였다. 왜군이 따라 나오자 이순신 함대는 갑자기 뱃머리를 돌려 다시 왜군을 공격하기 시작하였다.

최전방 돌격은 거북선이 맡았다. 먼저 거북선을 적진에 들여보내 화포를 집중적으로 발사하였다. 이에 놀란 왜군 함대는 지리멸렬해 사천 포구 쪽으로 도주하였고, 배를 버리고 산 위로 도주하기에 바빴다. 이 와중에 수많은 왜군이 죽고, 포구에 있던 왜선 가운데 10척이 아군에 의해 불타 없어졌다.

나머지 2척은 패잔병들이 타고 도망하도록 일부러 태우지 않고 남겨둔 채 함대는 사천만 입구에 숨어 밤을 지냈다. 드디어 나머지 2척을 타고 도주하려던 왜군 패잔병은 원균에 의해 6월 1일 새벽 배와 함께 불에 타 죽거나 목이 베어졌다.

이 해전에서 왜군 2,600명이 죽임을 당했고, 13척의 왜선이 모두 격침되었다. 아군 측은 거북선 건조의 책임자이자 군관인 나대용이 적의 총탄에 맞았고, 이순신도 왼쪽 어깨에 탄환을 맞았다.

다음 날 오전 8시 척후선으로부터 당포 선창에 왜선이 정박해 있다는 정보를 입수한 이순신 함대는 곧 당포 앞바다로 나아갔다. 당포 선창에는 왜군 대선 9척, 중선·소선 12척이 매여 있었다.

그 가운데 가장 큰 배에는 붉은 일산日傘이 세워져 있고, 장막 안에
는 왜장 카메이 코레노리가 앉아 있었다.

아군 함대가 접근하자 왜군은 조총을 쏘며 맞섰다. 아군은 개
의치 않고 거북선을 앞세워 대포를 쏘아 대는 한편, 뱃머리로는
왜장선을 들이받으며 격파하였다. 이어 화포와 화살을 왜장선에
집중적으로 발사하였다. 왜장 카메이 코레노리가 죽고 왜선 21척
은 모두 격침되었다. 왜군은 전의를 상실하고 육지로 도망치기 시
작했다.

1592년 6월 7일 당포해전을 승리로 이끈 연합 함대는 당포 앞바
다에 정박해 전략 회의를 계속하면서 나흘을 머문 뒤, 거제도 주민
들로부터 당항포에 왜선이 정박해 있다는 첩보를 입수하였다. 이
순신의 지휘로 전라좌수영 전선 23척, 이억기의 전라우수영 전선
25척, 원균의 경상우수영 전선 3척 등 총 51척이 참가한 연합 함대
는 6월 5일 아침 안개가 걷히자마자 당항포로 진격하였다.

포구에는 왜군 대선 9척, 중선 4척, 소선 13척이 모여 있었다.
연합 함대는 당항만 어귀에 전선 4척을 숨겨두고, 거북선을 앞세
워 일제히 공격을 가하였다. 갑작스런 공격을 받은 일본 수군도
조총을 쏘면서 반격하였다. 이에 아군은 왜군의 육지 탈출 봉쇄와
주민 보호를 위해 왜군을 바다 한가운데로 유인한 뒤, 왜선을 포

위하고 포격을 가하였다. 왜선 대부분은 여기서 격침되었고, 도주하는 나머지 왜선들도 모두 추적해 불살랐다.

6월 7일에는 영등포 앞바다에 이르러 경계하던 중 왜의 큰 배 5척과 중간 배 2척이 율포에서 나와 부산 쪽으로 도망가는 것을 발견하고, 이순신이 즉시 추격을 명하여 율포해전이 벌어졌다.

적의 배 전부를 나포 또는 격파하고 수많은 왜병의 목을 베었다. 전세가 불리해진 것을 본 왜장 구루시마는 뭍으로 도망쳐 자결하였다.

04 선조, 의주로 피난하다

1592년 6월 10일에는 이순신이 율포해전을 마치고 여수로 귀환한 날이다. 이미 선조는 평양성으로 피신해 있었는데, 선조가 임시 수도인 평양성마저도 버리고 빠져나간다는 소문이 파다하게 났다. 그 소문에 많은 백성도 같이 함께 도망가기 위해서 짐을 꾸리며 혼란에 빠졌다.

선조는 세자인 광해군에게 이 사태를 해결하라고 했다. 광해군은 평양성 대동관문으로 나아가 백성들에게 평양성을 지킬 것이니 염려하지 말라고 했다. 그런 와중에 선조는 피난길을 떠났다. 이러한 속셈을 알아차린 백성들은 칼과 몽둥이를 들고 선조가 피난 나가는 길을 막았다.

백성들은 소리 지르며 말했다.

"평양성을 버리고 가시려면 왜 우리를 속여서 성 안으로 들어오게 했습니까?"

"결국, 우리들만 적의 손아귀에 들어가게 되어 아주 몰살당하도록 하는 겁니까?"

유성룡의 중재로 성난 백성은 흩어졌고 유성룡은 다시 선조에게 말했다.

"평양성을 떠나시면 안 됩니다. 백성들의 반발이 만만치 않습니다."

그러나 선조는 평양성를 떠나기로 결심하였다. 그리고 난을 주동한 세 사람을 효시하여 대동관문에 걸었다. 이것을 본 평양성 사람들은 뿔뿔이 흩어졌다.

6월 11일 선조는 대신들과 함께 평양성을 떠났다. 그리고 선조는 명나라로 망명할 것을 결정했다. 선조는 광해군에게 왕위를 물려주고라도 명나라로 망명하기 위해 의주로 가는 길을 재촉했다. 그러나 명나라는 선조의 망명에 난감해하면서 망명할 경우 요동의 관전보 빈집에 수용한다는 뜻을 전달했다. 어쩔 수 없이 선조는 의주에 도착한 지 4일 만인 6월 26일 명나라 망명을 포기했다.

명나라의 수치스런 대접에 줏대 없는 선조가 망명을 포기한 것이다. 한 나라의 임금이 이런 모습을 보여 주고 있었으니 참으로 안타까운 일이었다. 더군다나 한 나라의 임금이 백성에게 거짓말을 꾸며대고 뒷모습을 보이며 도망가는 모습은 참으로 슬픈 일이었다.

선조는 이미 모든 것을 포기한 상태였다. 그는 겉모습만 임금의 행태였지, 죽음에 대한 공포로 불안한 심정이었다. 이러한 선조의 모습은 일국의 왕으로서 취해야 할 행동이 전혀 아니었다.

선조는 당쟁에 휩싸여 무엇이 중요한지도 깨닫지 못하고, 왕의 역할을 제대로 발휘한 적이 없었다. 전란 중이었지만 임금으로서 백성에게 희망을 심어주고 꿈을 심어 주어야 함에도 불구하고 백성을 버리고 제 목숨 살리기에 급급하였다.

한 나라의 왕이라면 최소한 나라의 비전을 제시하고 백성들로 하여금 함께 힘을 모아 비전을 달성하게 하는 일을 도모해야 함에도 불구하고 선조는 부끄러운 일만 했다. 역사는 선조를 보며 나약하고 줏대 없는 왕으로 평가한다. 그러나 선량한 백성들은 선조가 한 나라의 왕이었기에 그저 지켜보고 있을 수밖에 없었다.

　이순신은 사력을 다해 이겨야 한다는 신념으로 바다에서 왜군과 전투를 하고 있었지만, 선조는 자기 목숨 하나를 살리기 위하여 명나라로 망명을 하기 위해 의주로 향했다. 선조는 백성들에게 희망과 비전을 빼앗아 버렸다. 선조를 믿고 따랐던 백성들은 절망에 빠질 수밖에 없었다.

05 한산도대첩에서 대승을 거두다

이순신의 활약으로 인해 해전에서는 일방적인 승리를 거두었으나, 육지에서는 계속 패전 소식만 들려왔다. 적은 해상에서의 패전을 만회하기 위하여 병력을 증강하였다. 와키사카 야스하루의 제1진은 70여 척을 거느리고 웅천 방면에서 출동하였고, 구키 요시타카의 제2진은 40여 척을, 제3진의 가토 요시아키도 많은 병선을 이끌고 합세하였다.

이런 보고를 접한 전라좌수사 이순신은 우수사 이억기와 연락하여 재차 출동을 결정하였다. 이순신은 7월 6일 이억기와 더불어 49척을 거느리고 전라좌수영을 출발하여, 노량에 이르러 경상우수사 원균의 함선 7척과 합세하였다.

7일 저녁 조선 함대가 고성 땅 당포에 이르렀을 때 적함 대·

중·소 70여 척이 견내량에 들어갔다는 정보에 접하고 이튿날 전략상 유리한 한산도 앞바다로 적을 유인하여 학익진을 사용하기로 하였다.

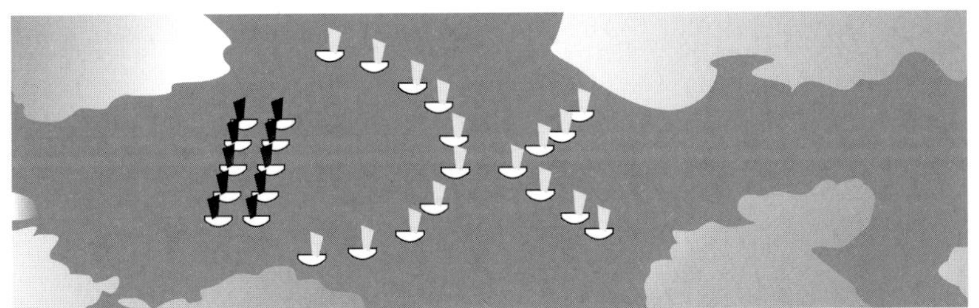

| 학익진 전법

학익진은 학이 날개를 펼친 듯한 형태를 취한 진법이라 하여 붙여진 이름이다. 기본적으로는 일자 형태를 취하고 있다가 적이 공격해 오면 중앙의 부대는 뒤로 차츰 물러나고, 좌우의 부대는 앞으로 달려나가 반원 형태로 적을 포위하여 공격하는 방식이다.

학익진 전법은 이순신이 새롭게 고안한 것으로 알지만 학익진은 육군의 전법 중의 하나였다. 이러한 전법을 이순신은 해전에 응용하고 사전에 많은 연습을 하였다.

육지에서 학익진을 사용하는 것과 바다에서 사용하는 것은 커다란 차이가 있다. 육지의 경우 처음부터 학익진의 형태로 전투를 운영하기가 쉽지만, 바다에서는 넘실거리는 파도로 인해 적을 넓게 포위하는 것이 쉽지 않다.

학익진을 바다에서 사용하기 위해서는 화포의 유효사거리와 배의 회전 각도, 배의 속도, 조수의 흐름 등을 모두 알아야 가능한 최고의 전투였다. 더욱이 도망가는 척하다가 갑자기 돌아서서 적의 좌우를 화통과 화살로 공격하는 학익진은 고난도의 작전이었다.

한산도는 거제도와 고성 사이에 있어 사방으로 헤엄쳐 나갈 길도 없고, 적이 궁지에 몰려 상륙한다 해도 굶어 죽기에 알맞은 곳이었다. 이리하여 먼저 판옥선 5~6척으로 하여금 적의 선봉을 쫓아가서 급습, 이에 적선이 일시에 쫓아 나오자 아군 함선은 거짓 후퇴를 하며 적을 유인하였다.

적이 한산도 앞바다에 이르자 미리 약속한 신호에 따라 모든 배가 일시에 북을 울리며 뱃길을 돌리고, 호각을 불면서 학익진을 펴고 일제히 왜군을 향하여 진격하였다. 모든 대포를 한꺼번에 쏘아 적선을 격파하고 불사른 것만도 66척이나 되었다.

적은 물에 빠지거나 찔려 죽은 수가 수백 명에 이르렀으며, 한산도로 도망친 400여 명은 군량이 없이 13일간을 굶주리다가 겨우 탈출하였다. 한산도해전에서 조선 전선의 피해는 한 척도 없었다. 한 치의 오차도 없는 유효사거리의 계산과 조선 판옥선의 장점을 극도로 살려 대승을 거두었다. 결국, 한산도해전의 승리는 이순신의 학익진에 대한 신념과 철저한 노력의 결과였다.

이 싸움은 행주대첩, 진주대첩과 함께 임진왜란의 3대첩으로 꼽히고 있다. 그 결과 일본 수군은 전멸하였고, 이순신은 그 공으로 정헌대부, 이억기와 원균은 가의대부로 승진되었다

　학익진을 해상에서 사용할 수 있었던 것은 이순신이 아군의 판옥선과 일본 전선과의 특성과 차이를 정확히 알고 있었고, 바다에 대한 정보가 풍부했기 때문에 가능한 작전이었다.

　조선 수군의 판옥선은 왜군 전선보다 빠르게 회전할 수 있는 장점이 있었고, 장착된 포가 먼 거리에서 사격할 수 있는 장점을 가지고 있다. 그러므로 조총으로 응사하는 일본 전선보다 먼 거리에서 공격할 수 있었다.

　이순신은 이미 여러 해전을 통해 판옥선의 장점을 알고 있었고, 적은 수로 왜군의 전선과 싸우기 위해서는 고난도의 학익진 전법이 꼭 필요하다고 믿고 있었다. 그러므로 전라좌수사로 부임하여 학익진 전법을 해전에 응용하고 이를 연습한 것이었다.

　견내량의 좁은 바다를 버리고 넓은 바다로 적을 유인하여 침몰시킨 것도 학익진에 필요한 공간을 만들고자 한 이순신의 계산에서 나온 것이다. 학익진은 아무나 쓸 수 있는 전법이 아니었다. 육지에서도 지형과 적을 잘 알아야 쓸 수 있는 전법이다. 특히 바다에서는 전선이 일사불란하게 움직일 수 있도록 훈련이 이루어져야 가능한 진법이었다.

06 적장의 존경을 받다

우리에게는 이순신이 있었다면 일본에는 와키자카 야스하루가 있었다. 이순신과 와키자카 야스하루는 서로 닮은 점이 많았다. 서로 무인이면서도 최고의 명장이었다. 그러나 차이는 조선은 이순신이 왜군을 물리쳐줄 희망이라고 생각했듯이, 일본은 이순신을 없애줄 희망으로 생각하였다.

일본의 장수 와키자카 야스하루는 전국시대에 일본 오미 지방에서 태어났다. 원래는 오다 노부나가織田信長의 오른팔 되는 충신인 아케치 미쓰히데의 부하로 전쟁에 참전하여 큰 공을 세우면서 일본의 역사에 등장하게 된다.

아케치 미쓰히데가 도요토미 히데요시와의 싸움에서 패망함에 따라 자연스럽게 그의 밑에서 재능이 돋보이게 되었다. 와키자카 야스하루는 도요토미 히데요시를 위하여 수많은 전투에서 놀라운 전공을 세운 장군으로 알려지게 되었다.

전국시대를 마감하고 일본을 통일한 도요토미 히데요시는 1592년 조선을 정벌하기 위하여 조선에 파병을 하게 된다. 도요토미 히데요시는 고니시 유키나가, 가토 기요마사 등과 와키자카 야스하루 등을 선봉장으로 임명하여 출전시켰다.

조선에 첫발을 디딘 와키자카 야스하루는 오랜 기간 실전 경험을 가진 용감한 병사들을 거느렸기 때문에 제대로 준비되어 있지 않은 조선 군사들과의 전투는 늘 식은 죽 먹기였다.

와키자카 야스하루는 한양주둔군 지휘관으로 있다가 1592년 6월 5일 용인에서 1,500여 명의 기병으로 전라도관찰사 이광, 경상도관찰사 김수, 충청도관찰사 윤선각의 5만여 연합군을 격퇴하고 전직 부사종3품 백광언과 역시 부사를 지낸 이지시를 전사케 한다.

와키자카 야스하루가 이 정도의 성과를 보인 것은 그만큼 일본이 확실히 조선보다 전력에서 우위를 차지하고 있었음을 말한다. 그렇듯 역량이 뛰어난 장수지만 바로 한 달 후 한산도대첩에선 이순신-원균-이억기의 3도 수군 연합 함대에게 59척의 안택선을 잃어버리고 참패하여 도망 다녔다.

와키자카 야스하루는 이순신의 《난중일기》처럼 전쟁 중에 기록을 남겼는데, 그의 기록을 보면 한산도대첩의 참패 충격에 6일을 굶었으며, 자신이 왜 졌는지 생각하고 고민하는 문장이 있다.

"나는 이순신이라는 조선의 장수를 몰랐다. 단지 해전에서 몇 번 이긴 그저 그런 다른 조선의 장수 정도였을 거라 생각하였다. 하지만 내가 겪은 그 한 번의 이순신 그는 여느 조선의 장수와는 달랐다. 나는 그 두려움에 떨려 음식을 몇 날 며칠을 먹을 수가 없었으며, 앞으로의 전쟁에 임해야 하는 장수로서 나의 직무를 다할 수 있을지 의문이 갔다."

또한, 이순신에 대한 소감을 상세히 기록해 두었다.

"내가 제일로 두려워하는 사람은 이순신이며

가장 미운 사람도 이순신이며

가장 좋아하는 사람도 이순신이며

가장 흠모하는 사람도 이순신이며

가장 죽이고 싶은 사람 역시 이순신이며

가장 차를 함께 마시고 싶은 이도 바로 이순신이다."

우리 역사 속에 와키자카 야스하루는 잔인한 왜장으로 묘사되어 있는데, 실제로는 와키자카 야스하루는 전형적인 사무라이였다. 명예를 중요시하였으며, 차를 좋아했으며, 함부로 살생하기보다는 덕을 베풀어서 적을 자기 수하로 만드는 장군이었다고 한다.

와키자카 야스하루는 한산도대첩의 패전 이후에도 계속 해전에 종군하지만, 칠천량해전을 제외하면 조선 수군에게 번번이 패배를 당하였다. 이후 임진왜란과 정유재란의 중간에 일본에서 영주들의 영지 조정이 있었는데 와키자카 야스하루는 조선에서 뚜렷한 전과를 세우지 못했기 때문에 별로 대접받지 못했다.

와키자카 야스하루는 도요데미 히데요시가 자신을 알아주지 않는 것에 대하여 섭섭한 마음을 품고 훗날 도쿠가와 이에야스가 일본의 최고 권력자로 등장하는 세키가하라 전투 때에 도쿠가와 이에야스에게 합류하게 된다. 그러나 도쿠가와 이에야스도 와키자카 야스하루를 크게 쓰지 않고 소규모의 군대만을 지휘하게 하였다. 이후 와키자카 야스하루는 평범하게 살다 늙어서 죽었다.

07 안골포해전에서 이기다

이순신의 지혜가 돋보인 또 하나의 전투가 안골포해전이다. 1592년 7월 10일 새벽에 이순신은 전선을 이끌고 안골포에 도착하였다. 안골포에는 이미 왜군 대선 21척 등 42척의 크고 작은 배가 정박 중이었다. 안골포는 수심이 얕아 조선의 판옥선과 같은 큰 배가 쉽게 들어갈 수 없었기에 왜군들이 안전하게 생각한 곳이었다. 안골포에 있던 왜군들은 도요토미 히데요시의 직속 수군으로서 왜군을 대표하는 함대였다. 왜군들은 안골포에서 나오지 않고 지역 백성들을 약탈하고 죽이고 있었다.

이순신은 판옥선이 들어가지 못한다는 사실을 알고 일본 함대를 유인하는 작전을 시도하게 된다. 그러나 견내량에서 이순신의 유인작전에 말려 패배한 것을 전해 들은 일본 함대는 속지 않았다.

이순신은 적이 속지 않자 지혜를 발휘하여 작전을 바로 변경하였다.

이순신은 밀물을 기다렸다가 어느 정도 수심이 깊어지자 전선 몇 척으로 교대로 포구에 드나들면서 각종 대포를 발사하고 불화살로 집중 공격을 했다. 이런 방법으로 이순신은 정박해 있던 왜군 함대를 파괴하면서 다수의 왜군을 사살하였다. 이에 살아남은 왜군들은 육지로 도망을 가 백성들에게 피해를 주기 시작했다. 이순신은 공격을 중지하고 물러나와 안골포 근처에서 바다를 지켰다.

안골포 전투의 결과를 정확하게 기록한 것은 없으나 왜군의 기록에 의하면 20여 척의 군선을 잃었다고 한다. 왜군들은 안골포 해전에서 많은 군선이 피해를 입었고 나머지 군선들은 깊은 밤을 틈타 부산으로 도망쳤다. 육지에 있는 일본 패잔병들의 처리를 경상우수사에게 맡기고 이순신은 3차 출전을 마치고 본영으로 돌아갔다.

　이순신은 옥포와 안골포해전에서처럼 전투를 벌이기 전에 그 지역에 대한 정확한 정보를 바탕으로 작전을 세웠다. 그리고 안골포해전에서처럼 왜군들이 반응을 보이지 않을 때를 위한 작전계획도 세웠다. 구석에 몰린 쥐는 오히려 고양이를 물어버린다는 중국 속담이 있다. 속담처럼 되지 않기 위해서 왜군들에게 퇴로를 열어주어 도망하게 함으로써 우리 백성들이 더는 다치지 않게도 하였다. 더욱이 안골포해전은 도요토미 히데요시의 직속 수군을 궤멸한 승리였기에 더욱 값진 승리가 되었다.

　이순신의 지혜는 전투에서도 빛을 보았지만 이렇게 백성을 살리는 데서도 기지를 발휘하였다.

08 삼도수군통제사가 되다

이순신이 49세의 나이로 삼도수군통제사가 되는 날 이순신은 새벽에 꿈을 꾸었다.

이순신이 큰 대궐에 이르렀는데 모양이 한양과 같았고 기이한 일이 많았다. 영의정이 와서 절을 하기에 답례를 했다. 임금께서 피난 가신 일에 대해 이야기하다가 눈물을 뿌리며 탄식하고 있는데 적의 형세는 이미 종식되었다고 했다. 서로 실정을 의논하고 있을 때 좌우에 사람들이 무수히 모여드는 것을 보고 꿈을 깼다.

그리고 그날 선조로부터 삼도수군통제사 임명장을 받았다. 삼도수군통제사는 전라좌수사·전라우수사·경상우수사·경상좌수사·충청수사 중에서 겸임을 하게 된다. 삼도수군통제사가 된 이순신은 충청·전라·경상도의 수사들을 지휘 감독할 수 있게 되었다.

이순신은 전투를 용이하게 하기 위해 한산도에 운주당을 짓고 이곳을 삼도수군통제영으로 삼았다. 운주당은 다용도로 사용했는데 첫째는 무예와 병법을 배우기 위해, 둘째는 부하들과 격의 없는 대화를 위해, 마지막으로 집무를 보기 위해서 건립하였다. 이후에도 이순신은 오래 머무르는 곳에는 운주당을 지어 자신의 업무를 보면서 거처로 사용하였다.

운주당에서는 이순신과 부하들이 회의도 했지만, 개인적인 하소연도 풀어주는 곳이었다. 이순신은 급이 낮은 군사들에게도 풀어야할 문제와 하소연할 사연이 분명히 있음을 알고 있었다. 이순신은 병사들과 격의 없는 대화를 통해 최선을 다해서 근무하고 전투할 수 있는 여건을 마련해 주고자 하였다.

이순신은 늦은 밤 한산도에 있는 수루에서 혼자 앉아서 바다를 보면서 시조를 남겼다.

"한산섬 달이 밝은 밤에 망루에 혼자 앉아서

큰 칼 옆에 차고 나라의 운명을 생각하며 깊은 근심에 잠겨 있는데

어디서 들려오는 한 가락 피리소리에 애간장이 다 끊어지는구나"

이 글에는 이순신의 나라에 대한 깊은 애정과 조선의 앞날에 대

한 큰 걱정이 담겨 있다. 얼마나 걱정이 앞섰으면 애간장이 다 끊어진다고 표현했을까? 당시 조정은 전쟁 중인데도 불구하고 자신들의 이익만을 위하여 싸우고 있는데, 나라의 운명은 왜군의 침략 때문에 한 치 앞을 내다보기 어려웠다. 이러한 상황에서 자신만이 홀로 적군에 맞서고 있으니 이순신의 마음은 복잡할 수밖에 없었다.

아무도 나라의 앞날을 걱정하지 않는데 이순신만은 나라를 생각하는 마음이 남달랐다. 이처럼 남들이 갖지 않은 마음을 갖는 것도 용기가 필요하다. 이순신은 나라를 사랑하는 용기가 있었기

| 망루에 걸려 있는 이순신 장군의 유명한 시조 현판

때문에 바람 앞에 등불 같았던 조선을 지켜야 한다는 강한 마음을 가지게 되었다.

사람은 나를 알아주는 사람에게 목숨을 바친다고 한다. 이순신은 병사들의 마음을 헤아려 준다면 반드시 전투에서 목숨을 아까지 않고 싸워서 승리를 얻을 것이라는 것을 알고 있었다. 그래서 이순신은 부하 장병들과 소통하면서 그들의 하소연을 경청하였다.

이순신은 부하 장병들과의 대화를 통해 무기 개량에 필요한 아이디어, 빠르게 이동하는 방법, 전투를 잘할 수 있는 현장의 이야기를 들었다. 이순신은 현장의 이야기를 들으면서 새로운 전법을 만들었다.

09 명나라가 참전하다

1592년 6월 15일 평양이 일본군에게 함락되자 명나라는 바로 원군을 파견하였다. 명나라 장수 조승훈이 이끄는 5,000여 명의 원군이 한 달 뒤에 조선에 도착하였다. 명나라가 원군을 파견한 이유는 조선에서 일본을 저지하지 못할 경우 곧바로 전쟁이 명나라로 이어질 것을 우려했기 때문이다. 일본군이 북상한다면 평양-압록강-요동-북경으로 진출하려고 할 것이기에, 이를 저지하기 위해 평양에 방어선을 구축해야 했다. 명나라에게 평양은 요동 방어선의 전초기지였던 것이다.

그러나 조승훈의 부대는 요동을 방어하던 국경수비대에 불과했으므로 평양 탈환에 실패하자 요동으로 돌아가 버렸다. 하지만 명나라의 참전으로 임진왜란은 조선, 명나라, 일본 3국이 참여하는 동아시아 국제 전쟁이 되었다.

명나라는 2차 원정군을 파견하기 위한 필요한 시간을 벌기 위해 심유경을 파견하여 일본군과 협상을 벌이게 했다. 1592년 9월 초 평양성에서 심유경은 고니시 유키나가와 협상을 벌였다.

고니시 유키나가는 대동강 이남의 조선 영토를 일본에게 할양해 줄 것을 요구하고, 대동강 이북은 명나라가 차지할 것을 제안했다.

이에 대해 심유경은 반대하지 않았다. 이런 소식이 전해지자 조선 정부는 명나라 정부에 거세게 항의했다. 명나라는 조선에게 영토를 지배할 의사가 없음을 밝히고 조선 영토를 할양이나 분할하자는 강화 교섭만은 배제하게 되었다.

명나라는 1592년 12월 이여송이 거느린 4만 3,000명의 정예군2차 지원군을 조선으로 보냈다. 이여송 군대은 1593년 1월에 평양 탈환에 성공했지만, 한양 탈환을 위해 남진하다가 벽제관에서 패배하자 평양으로 돌아가 움직이지 않았다. 명나라의 참전 목적은 명나라에 대한 침략 위협을 제거하는 것이기에 일본군을 평양 이남으로 몰아내는 것으로 만족했다.

조선에 지원군으로 온 명나라의 만행이 심각해져 갔다. 명나라 병사들의 기강이 해이해지면서 조선 백성의 피해는 커져만 갔다.

《선조실록》에도 명나라 군사들이 재산을 탈취하고 부녀자를 겁
간하고 어린아이들까지 강간했다고 기록하고 있음을 보면 참으
로 안타까운 현실이었다.

한때는 전시 총사령관인 체찰사 유성룡이 까닭 없이 명나라
주둔지인 개성으로 끌려간 적이 있었다. 이여송이 일본과의 강화
노력에 유성룡이 반대하고 있다는 말을 듣고 곤장을 치기 위해서
군사 세 명을 보내 끌고 간 것이다. 유성룡이 반대한다는 것이 허
위로 들어나 어이없이 돌아왔지만 조선의 전시 총사령관의 체면
은 말이 아니었다. 아니 조선의 체면이 말이 아니었다.

이순신이 명나라의 수군을 처음 접하게 된 것은 1598년이었다.
명나라 군사들에 의해 백성의 민폐가 커지자 이순신은 더는 보고
있을 수가 없었다. 이순신은 군에 명령을 내려 이동 명령을 내리
고 옷과 이부자리를 배로 옮기게 하였다. 이를 이상하게 생각한
명나라 진린陳璘 도독이 그 이유를 물었다.

이에 이순신은 "우리의 군사와 백성들이 대국 명국의 장수가
온다는 말을 듣고 기뻐했는데, 이제 귀국의 군사들이 행패를 부리
고 겁탈을 하니 견딜 수가 없어 피하는 것이요. 그러니 나도 함께
배를 타고 다른 곳으로 가려는 것이요." 라고 답했다.

진린 도독은 이순신의 말을 듣고 얼굴이 빨개졌다. 자신의 군

사들이 피해를 준 것에 대해 미안한 마음이 들어 이순신에게 계속 머물러 주기를 부탁하였다. 그리고 명나라 군사의 잘못도 법규대로 처리할 수 있게 하였다.

4년 동안 질질 끄는 두 나라 간의 강화 회담을 매듭짓기 위해 1596년 9월 명나라 사신이 일본에 도착해서 도요토미 히데요시에게 조선에서 물러날 것을 요구했다. 그러나 도요토미 히데요시는 명나라의 요구를 거부했다. 일본은 한반도 전체를 점령 못 하더라도 남쪽 지역만이라도 차지하고자 했던 것이다.

그 후 1597년 3월 정유재란이 발발했고, 7월부터 본격적인 전투가 시작되어 8월에 일본군은 남원과 전주를 함락시켰다. 하지만 서울로 북상하던 일본군은 9월 5일에 직산 근처 소사평전투에서 대패했고, 이후 이순신의 활약 등으로 불과 2개월 만에 전선은 남해안 지역으로 한정되었다. 이후 조선과 명나라가 일본군을 몰아내기 위해 총공격을 함으로써 일본군은 11월에 완전히 퇴각하였다.

명나라로서는 자국의 요동 방어선을 지키기 위해 임진왜란에 참전하게 되었다. 명나라가 조선과의 전쟁에 힘을 쏟는 동안 만주에서는 만주족이 등장하여 1616년 후금을 세웠다. 그리고 청나라로 이름을 바꾼 뒤 1644년에는 이미 이자성의 난으로 몰락한 명나라를 무너뜨리고 중국 대륙의 지배자가 되었다.

　이순신은 명나라 군사의 민폐에 백성들이 당하는 것을 보고 화가 치밀어 올랐다. 하지만 결코 조선 조정처럼 당하고만 있지 않았다. 이순신이 명나라에 대한 태도는 분명했다. 명나라는 조선에서의 일본과의 전쟁을 도와주는 조력자이지 그 이상이 아니라는 것이다. 더구나 조선에서 백성의 권리나 인격을 무시하고 민폐를 끼치는 것은 용납할 수 없었다. 이것은 이순신에게 내 나라 백성이 우선이었고 이는 내 백성은 내가 지킨다는 신념에서 나온 것이다.

　이순신은 나라와 백성을 사랑하는 강한 신념을 가지고 있었기 때문에 명나라의 지원군 앞에서도 당당할 수 있었다.

10 원균과 이순신의 갈등

1594년 3월 4일 제2차 당항포해전은 이순신이 삼도수군통제사가 되어 치룬 첫 번째 전투로 이순신의 치밀하고 신속하며 정확한 전략으로 압승을 거둔 해전이다. 연합 함대의 제6차 출전이자 전투로는 12번째 해전이다. 해상권을 장악하지 못한 일본 수군은 거제도 내륙을 오가며 살인·납치·약탈을 일삼았다. 이에 아군은 연합 전선 124척을 당항포에 보내 대규모 해전으로 적선 31척을 격침시켰다.

1594년 9월 29일에 치루어진 해전은 이순신이 치룬 해전 가운데서 가장 성과가 작았던 해전이다. 9월 29일부터 10월 4일까지 장문포해전, 영등포해전으로 세분하기도 한다.

10월 1일 아군 함선 50여 척과 일본 수군 함선 117척이 서로 대치한 상태에서 조선 수군은 새벽에 거제도 장문포 앞바다에 머물다 영등포로 들어가 왜군에게 싸움을 걸었다. 그러나 왜군은 바닷가에 배를 대 놓은 채 대항하지 않았다. 해질 무렵 장문포 앞바다로 돌아와 뭍에 배를 매려 할 즈음, 적의 포격을 맞아 배에 불이 붙었으나, 번지기 전에 진화하였다.

이후 10월 3일까지 왜군이 반응을 보이지 않아 10월 4일에는 의병장 곽재우·김덕령과 함께 수륙 합동작전을 전개하기로 하고, 먼저 군사 수백 명을 뭍으로 올려보내 싸움을 걸었다.

총 6일 동안 치른 수륙 합동작전에서 아군은 겨우 왜선 2척을 격침시켰다. 아군 피해는 없었으나, 왜군이 항전하지 않아 전과는 미미하였다.

장문포해전은 원래 이순신이 계획한 것이 아니라, 경상우수사 원균이 도체찰사 겸 좌의정 윤두수에게 건의해 윤두수 자의로 행한 수륙 합동작전이었다. 뒤에 영의정 류성룡 등에 의해 선조의 재가를 받아 작전 중지 명령이 내려지기는 했지만, 명령이 도착하기도 전에 이미 작전이 전개된 상태였다. 결국, 수륙 합동작전은 성공하지 못하고, 2척의 적선만을 격침시키는 것으로 만족할 수밖에 없었던 것은 바로 이 때문이다.

이로 인해 원균과 이순신의 갈등이 커지게 된다.

원균은 이순신보다 다섯살이 많으며, 28세에 과거에 급제하여 변방에 파견되어 함경도 일대에서 여진족을 토벌하여 명성을 얻었다.

이순신은 32세에게 과거에 급제하여 35세에 훈련원 봉사에 부임한 이래 문란한 군기를 바로 잡으려고 노력했고 오직 정의로운 신념으로 직책을 수행했다. 이순신은 불의에 대해 뜻을 굽히지 않았기 때문에 항상 심한 모략과 중상이 늘 뒤따랐다.

이순신은 임진왜란이 발발하기 1년 전에 전라좌수사가 되었으며, 원균은 임진왜란이 일어나기 3개월 전에 경상우수사가 되었다. 원균이 경상우수로 있던 임진년에 시절 대규모의 왜적들이 부산진으로 상륙하여 부산과 동래가 차례로 함락되었다. 이때 원균의 수하에는 단지 배 4척밖에 없었기 때문에 부산 앞바다를 가득 메운 적과 싸워 이길 수 없음을 깨달았다.

원균은 부하를 보내 전라좌수사 이순신 장군에게 보내어 힘을 합하여 적을 막아내자고 요청하였으나 이순신 장군은 자기의 관할이 아니기 때문에 듣지 아니하고 조정의 지시를 기다리다 20일이 지나서 비로소 출전하였다.

전라좌수사 이순신이 전함 24척을 거느리고 전라우수사 이억기 장군과 함께 거제 앞바다에 모였고, 원균도 가세하여 다음 날 새벽 옥포 앞바다에 진을 치고 있던 왜선을 공격하여 대승을 거둔다. 이때부터 이순신과 원균은 서로 갈등을 갖게 된다.《선조실록》에서는 이것을 다음과 같이 기록하고 있다.

크게 승리한 뒤에 원균이 공을 조정에 함께 보고하려고 하니 이순신이 말했다.

"공과 더불어 힘을 다했으나 왜노를 모두 섬멸하지 못했다. 이와 같은 작은 승리를 가지고 어찌 조정에 알리겠소? 내가 다른 도에서 갑자기 도우러 와서 병기도 제대로 갖추지 못했소. 적의 머리를 얻은 다음에 승리의 보고를 해도 좋겠소"

원균은 이 말에 따랐다. 그런데 이순신이 먼저 사람을 보내 빼앗은 병기와 적선에 실려 있던 금병풍, 금부채 같은 물건을 실어 보내서 조정에 전공을 알렸다. 피난해 있던 조정에서는 승리의 보고를 받고 크게 기뻐하여 이순신을 삼도수군통제사로 삼았다. 원균이 이로 말미암아 크게 성을 내고 이후 서로 협조하지 않았다.

이순신은《난중일기》에서 원균의 성품과 인격에 문제가 많으며 일의 처리에서도 불만인 점을 자주 기록하였다. 유성룡의《징비록》에 원균의 나쁜 점을 적고 있다.

이순신이 삼도수군통제사가 되자 이순신의 명령을 받게 된 원균은 자기가 나이 많은 선배라는 이유로 반발하고 명령을 어기는 등 문제를 일으켜 두 사람의 틈이 더욱더 벌어졌다. 수군 내에서도 이순신파와 원균파 간 갈등의 골이 깊어졌다. 이순신이 조정에 원균과의 불화에 스스로 책임을 지고 자신을 파직시켜 달라고 청하자 조정에서는 원균을 충청도 병마절도사로 자리를 옮겼다.

원균은 육상으로 전출 다니면서 내내 주변 관리들에게 이순신의 험담을 멈추지 않았다. 원균과 이순신의 갈등을 알고 있던 일본은 거짓 꾀를 내어 이순신을 묘략에 빠뜨리고, 선조는 삼도수군통제사 자리에 원균을 임명하게 된다.

선조는 이순신에 대한 백성들의 절대적인 신망이 너무 부담되었기에 삼도수군통제사로 이순신의 경쟁 상대인 원균을 임명하였다. 이억기 같은 명장이 있었음에도 불구하고 원균 같은 사람을 삼로수군통제사로 임명한 것은 이순신을 견제하려던 선조의 배려 때문이었다.

04

정유재란에서 나라를 구하다

도요토미 히데요시가 고니시 유키나가를 선봉으로 삼아 14만 7,500명의 군사를 내주었다.

1597년 음력 1월 14일 가토 기요마사가 이끄는 일본군 선봉대가 조선의 부산을 재침하였는데, 이것을 정유재란이라고 한다.

고니시 유키나가는 이순신을 제거하기 위하여 간사한 꾀를 내어 이순신은 감옥에 갇히게 된다.

결국, 원균이 삼도수군통제사가 되어 칠천량해전에서 모든 것을 잃어버리고 죽음을 맞는다. 이순신은 백의종군 도중에 삼도수군통제사 되어 다시 전쟁을 하게 된다.

명량해전에는 13척의 배로 133척의 적군을 이겨 세계 전사상 유례 없는 승리를 하게 된다.

일본은 해상권을 뺏기자 군수품 공급이 끊겨 더는 견딜 수가 없었으며, 도요토미 히데요시가가 죽자 왜군은 철수를 결정했다.

　그러나 이순신은 적을 그냥 보낼 수 없어서 노량해전에서 전멸시킬 각오를 한다.

　결국, 노량해전에서 500여 척의 적군 중에서 450여 척을 침몰시키는 대승을 거둔다. 그러나 이순신은 적의 조총에 죽음을 맞이한다.

01 전쟁이 소강상태에 빠지다

1592년 시작된 임진왜란은 1594년 이후에는 명나라와 일본 간에 휴전 협상이 지속적으로 이루어졌다. 휴전 협상이 계속 진행되었으나 서로의 요구 사항이 달랐기 때문에 4년간 지지부진하게 협상이 이루어지고 있어서 전쟁은 소강상태에 빠져있었다.

조선과 명나라와 일본은 서로가 다른 이유에서 휴전을 시작하였다. 당시 조선에서는 이상 기후와 전쟁으로 인해 농경지가 사라져 식량 부족이 심했다. 명나라 입장에서는 자기네 나라도 아닌 곳에서 전쟁을 지속할 필요가 없었다. 왜군은 날씨는 점점 추워지므로 속히 본국으로 돌아가고 싶었다.

일본은 부산포 앞바다 상륙 후 마치 대나무를 쪼개듯 한양까지 밀고 올라갔지만 뜻하지 않은 조명연합군과 날씨 탓에 휴전을 원하고 있었다.

휴전협정이 이루어지는 동안 대부분의 사람들은 전쟁이 끝날 것이라는 기대감에 차서 오래간만에 여유를 즐겼다. 그러나 이순신은 속지 않았다. 이순신은 분명히 왜군이 숨을 돌리고 재정비하여 더욱 강력한 군사력을 모아 다시 쳐들어올 것이라는 확신을 가지고 있었다.

이순신은 다가올 왜군의 재침입에 대한 대비를 철저히 하려고 하였다. 그러나 당시 조선은 너무 오랜 흉년과 전쟁으로 인한 농지의 파괴로 백성들은 제대로 먹지도 못할 지경이 되었다. 전쟁으로 인해 먹을 음식이 없어 민심이 흉흉한 가운데 흉년은 백성들에게 가혹하기 짝이 없었다.

경상도의 여러 고을에서는 군량이 이미 바닥이 났으며 군사를 모집한들 먹일 군량이 없었다. 당시의 기록을 보면 이보다 더 심각했다.

이순신은 1594년 1월 19일 《난중일기》에 “영남지방의 여러 배에서 선원과 병사들이 거의 굶어 죽게 되었다고 하는데 참혹하여 들을 수가 없었다.”라고 적었다.

유성룡이 남긴 《징비록》에서는 “배가 고파 부자지간에 서로 잡아먹고 부부가 서로 잡아먹고 뼈다귀를 밖에 버린다.”라는 기록이 있다.

당시 백성들과 군인들은 흉년으로 인해 죽지 않으려면 먹을 것을 찾는 것이 가장 중요했다. 백성들과 군인들은 겨우 삶을 유지하는 데 급급하였던 것이다. 모든 사람이 죽음과 절망을 느끼고 있었을 때 이순신도 힘들었지만, 나라를 이렇게 만든 왜군을 반드시 물리치고 나라를 구하겠다는 각오를 다지고 있었다.

설상가상으로 전염병이 번져 1만 8,000여 명의 군사가 4,500여 명으로 줄어들었다. 이순신 자신도 고질적인 위장병과 전염병으로 고통을 받았다. 이순신 장군은 전염병으로 인해 10여 일을 아팠지만 자신의 업무를 조금도 게을리하지 않았다. 오히려 전염병으로 죽은 군사와 백성들의 시신을 거두어 장사를 지내 주고 글을 지어 위로했다.

이순신 역시 사람으로서 이토록 가혹한 삶을 살게 되면 세상을 원망도 했을 것이다. 그러나 무엇보다도 힘든 삶 속에서도 좌절하지 않았던 것은 바로 절망에 빠진 백성에게 희망을 주어야 했기 때문이다.

자신이 만약 전쟁에서 지는 날에는 조선과 백성의 미래는 어두울 수밖에 없다는 것을 이순신은 알고 있었다. 따라서 이순신은 남들처럼 전쟁이 일시 끝났다고 해서 쉬지를 못했다.

Tip

　이순신은 휴전을 하는 동안 쉬지 않고 다시 전쟁이 일어나도 이길 수 있도록 필요한 군량미를 확보하고 군인을 모으고, 전선을 만들었다. 이순신은 준비하는 사람만이 희망을 가질 수 있다고 생각했다. 준비를 했기 때문에 긍정적인 미래를 기대할 수 있었다.

　전쟁에서 이겨야만 백성들에게 희망을 줄 수 있었기 때문이었다.

02 다시 전쟁을 준비하다

이순신은 전쟁이 잠시 멈춘 상태로 접어든 1593년부터 해전을 다시 준비하고 있었다. 1년간 판옥선 등 전함을 새로 건조하여 전선이 모두 500여 척이 되게 만들었다. 그뿐만 아니라 화약 및 화포 개발에도 전력투구하였다.

이순신은 화총을 만들기까지 하였다. 왜군들의 조총을 보고 개량 작업을 벌여 사거리와 정확도가 높은 총을 만들었다. 이렇게 만든 총은 실험을 통하여 그 화력과 정확도를 검증하고 조정에 보고하여 대량 생산토록 하였다.

갑작스런 왜군의 침략으로 많은 사람들이 사기를 잃고 힘들어하며 언제 다시 전쟁이 발발할지 모르는 위험한 상황에서 이순신은 다음 전쟁에 대비하여 치밀하게 준비하고 있었다. 이순신은 전쟁 준비를 하면서 다시금 자기를 다스리고 새로운 힘을 불어넣고 일어났다.

전쟁은 소강상태이지 결코 끝이 난 것이 아니었다. 언제 다시 왜군이 쳐들어올지 불안한 상태가 계속되었지만, 전쟁의 준비를 그만두거나 미루지 못하는 상태였다.

이순신은 전쟁을 잘 아는 사람이었다. 지난날 함경도 군관으로 재직 시절 여진족과의 전투에서 얻은 실전경험은 이순신으로 하여금 다음 전쟁을 위한 준비에 게으르지 못하게 하였다.

전쟁의 승패는 그 준비에서 판가름난다는 것을 이순신은 잘 알고 있었다. 제대로 준비된 전쟁은 반드시 승리하지만 사전에 준비하지 못한 전쟁은 지고 만다는 것을 알고 있었다.

승전에 대한 신념은 치밀한 준비로 더욱 단단해지는 것이다. 모든 사람이 쉬고 있을 때도 이순신은 적을 생각하고 적에 대한 꿈을 꾸고 구국의 신념을 불태우고 있었다.

　위험은 언제나 준비하지 못해 나약할 때 나타나는 것이다. 유비무환의 자세는 오히려 위험을 비켜가게 하였다. 이순신은 전쟁이 다시 일어날 것 같은 예감을 가지고 있었다. 그러기에 나라를 지킬 수 있는 방법은 오직 전쟁에 대비하는 것 이외에는 없었다. 그는 절대 긴장은 늦추지 않았고 이러한 준비가 나라를 구할 것이라는 믿음을 놓은 적이 없었다.

03 정유재란이 발발하다

임진왜란이 일어난 지 5년째 접어든 1596년 9월에 명나라와 일본 간의 강화 교섭은 마지막 순간 파탄을 맞았고 도요토미 히데요시는 조선과 명나라의 사절을 일본에서 추방했다. 도요토미 히데요시는 정유재란이라 불리는 재침공을 계획하여 고니시 유키나가를 선봉으로 삼아 그에게 14만 7,500명의 군사를 내주었다.

1597년 음력 1월 14일 임진왜란을 종결시키기 위한 명나라와 일본 간의 강화 교섭이 결렬되자 가토 기요마사가 이끄는 일본군 선봉대가 조선의 부산을 재침하였다. 이것이 바로 정유재란이라고 한다.

가토 기요마사는 예전에 이순신의 조선 수군에게 참패한 기억이 생생하였기에 모든 전선을 조선의 전선보다 훨씬 크고 튼튼하게 만들어 우선 수군부터 공격하기로 했다.

이와 함께 고니시 유키나가는 조선 침략이 성공하려면 꼭 해결해야 할 일이 있다는 것을 알고 있었다. 그것은 다름 아니라 조선 정벌을 위해서는 바다를 먼저 장악해야 하며, 바다를 장악하기 위해서는 이순신을 없애야 한다는 것이었다.

고니시 유키나가는 이순신을 제거하기 위하여 간사한 꾀를 내었다. 이순신을 바다로 끌어 내서 함정에 빠뜨려 죽이거나, 출전을 거부하여 관직을 잃게 하는 것이었다.

1596년 11월 고니시는 자신의 부하 요시라를 통해 도원수 권율에게 '가토 기요마사가 곧 함대를 이끌고 쳐들어 올 것이니 그를 바다에서 잡으면 전쟁이 끝날 것'이라는 거짓 정보를 넘겼다. 당시 가토 기요마사와 고니시 유키나가 사이의 불화는 비단 일본뿐 아니라 조선에도 널리 알려져 있었으며 조정은 고니시를 온건파, 가토를 강경파로 여기고 있었다.

고니시는 자신과 가토 사이의 불화를 이순신 제거 계획에 이용한 것이다. 권율은 이를 조정에 보고했고 조정은 고니시의 정보가 사실이라고 확신하고 부산 앞바다로 공격할 것을 이순신에게 명령하였다. 적의 말만 믿고 적을 치는 참으로 황당한 명령이었다.

이러한 간사한 꾀에 대해 아무것도 모르는 이순신은 왜군의 움직임을 예의 주시하면서 새로운 전술을 구상하기에 여념이 없었다. 그런데 1월 21일 돌연 도원수 권율이 한산도로 직접 찾아와 왕명을 전달했다.

"곧 적장 가토 기요마사가 함대를 이끌고 바다로 쳐들어올 것이니 그를 잡으라"는 것이었다.

이순신은 이 명령에 대해 자신의 생각을 말했다.

"이 명령에는 따를 수 없습니다."

그리고 그 이유를 조목조목 설명했다.

"첫째는 정보의 제공자가 적장이므로 신뢰할 수 없습니다."

"둘째는 그 정보가 사실이라 하더라도 적장 하나를 잡기 위해 조선 수군을 움직일 수는 없습니다. 모든 국력을 기울여야 하는 총력전에서 적장 하나를 잡는 것은 큰 의미가 없습니다."

이순신은 아무리 생각해도 공격을 하는 것은 함정이라 생각하고 왕명을 거역하게 된다. 당시에 왕명을 거역한다는 것은 큰 죄를 짓는 것으로 죽음을 당한다는 것을 의미한다. 그런데도 불구하고 왕명을 거역하게 된 것은 부하들을 이끌고 부산 앞바다를 공격하게 되면 함정에 빠져 모든 장병들을 죽게 하고 모든 전선을 잃을 수 있었기 때문이다. 따라서 부하들을 잃는 것보다는 부하들을 살리고 자신이 죽는 것을 선택한 것이다.

권율은 이순신이 강하게 자신의 생각을 말했기에 돌아갈 수밖에 없었다.

권율이 돌아간 지 하루 만에 고니시 쪽에서 소문내기를 "이순신이 출전하지 않아 이미 가토 기요마사가 장문포에 와 닿았다."라는 헛소문을 퍼트렸다. 하지만 사실 가토는 이미 6일 전에 조선에 상륙해 있었다.

결국, 고니시 유키나가의 간사한 꾀에 빠진 원균은 처절한 패전과 함께 전사했지만, 간사한 꾀에 빠지지 않은 이순신은 비록 왕명을 거역했다는 누명을 쓰지만 목숨은 건질 수 있게 되었다. 나아가 훗날 명량해전을 성공적으로 치를 기회를 맞이하게 되었다.

04 백의종군하다

조정에서는 이순신이 적의 장수를 놓아주어 기회를 망쳐 버렸다는 여론이 일어났고 선조는 '왕을 업신여긴 죄', 그리고 '적을 놓아준 죄'를 물어 이순신을 전격 해임하고 한양으로 압송했다.

이 사건의 배경에는 고니시의 간사한 꾀에 넘어간 것도 있지만 그간 이순신을 곱지 않게 보고 있던 선조와 이순신을 질투한 원균의 모함도 작용했다.

이순신이 맡아 오던 삼도수군통제사 자리에는 이순신과의 불화 때문에 충청병사로 전직되어 있던 원균이 임명되었다. 이순신은 원균에게 군량미 9914석, 화약 4만근, 총통 300자루 등 군대 물자를 인계한 뒤 감옥처럼 되어 있는 수레에 실려 한양으로 압송됐다.

의금부에 갇히게 된 이순신은 가혹한 고문을 받았다. 심지어 사형선고를 받고 죽을 날만 기다렸다. 조정에서는 사형까지 시키려고 했지만, 판중추부사 정탁과 도체찰사 이원익 등이 목숨을 걸고 이순신을 살려야 한다고 하여 가까스로 죽음만은 면하였다.

죽음을 면한 이순신은 도원수 권율 밑에서 백의종군하라는 명령을 받았다. 당시 권율은 남쪽으로 이동하고 있었는데, 이순신은 권율의 본진을 찾아가는 길에 가족을 만나려고 아산 본가에 잠시 머물렀다.

이순신이 한산도에 있는 동안 그의 가족은 순천 고음에 거주하고 있었는데, 아들의 석방 소식을 들은 그의 어머니가 아들을 만나기 위해 배를 타고 먼 길을 올라오고 있었다. 그러나 그의 어머니는 음력 4월 13일 배 위에서 별세하고 만다. 그러나 이순신은 백의종군을 떠나야 했기 때문에 모친의 임종을 볼 수 없었다. 이렇게 어머니를 잃은 이순신은 몸과 마음이 모두 슬픔으로 피폐해졌다.

05 원균, 칠천량해전에 대패하다

삼도수군통제사로 부임한 원균은 조정으로부터 부산 앞바다로 공격해 들어갈 것을 지시받았다. 원균은 적의 동정을 살펴보고, 적이 계략을 써서 속이고 있는 것을 알아내고 부산 앞바다로 공격해 들어가면 안 된다고 보고하였다. 그러나 조정에서는 이를 듣지 아니하고 부산진으로 출전하여 왜적의 함선을 무찌를 것을 지시했다.

원균은 다시 계를 올려 꼭 부산 앞바다로 들어가야 한다면 안골포에 주둔한 적을 먼저 육지에서 육군으로 하여금 몰아낸 후에 공격해 들어가는 것이 옳겠다고 하였으나, 조정에서는 이를 듣지 아니하고 출전할 것을 재촉하였다.

원균이 그래도 출전하지 않자 합참의장격인 도원수 권율이 삼도수군통제사인 원균을 불러 명령을 듣지 않았다는 이유로 곤장까지 쳤다. 원균은 어쩔 수 없이 130척을 이끌고 부산 앞바다로 진격했다.

부산 앞바다에는 이미 왜군의 전선 1,500척이 원균의 전선들을 기다리고 있었다. 왜군은 맞서 싸우지 않고 온종일 유인 작전을 펼쳤다. 조선 수군은 쫓기만 하다가 힘이 빠지고, 풍랑에 판옥선 20여 척만 잃고 말았다.

조선 수군은 날이 어두워지자 휴식과 식수 보충을 위해 가덕도에 상륙했다가 왜군의 매복에 걸려 400여 명의 군사가 전사했다. 어둠 속에서 간신히 바다로 빠져나온 조선 함대는 가덕도를 포기하고 거제도 북단의 영등포로 향했다. 지친 군사들이 간신히 영등포에 새벽녘에 도착하였다. 그러나 여기서도 적의 매복에 걸려 변변히 저항도 못 해본 채 심각한 피해를 당하였다.

원균은 남은 판옥선을 이끌고 도주하여 칠천도 외줄포로 들어가 움직이지 않았다. 도원수 권율 장군은 삼도수군통제사 원균으로 하여금 속히 출전하여 적과 싸울 것을 재촉하였다. 원균은 무모하게 출전해 보성군수 안홍국 등을 잃고 되돌아왔다. 그리고 한산도의 본영으로 돌아와 경상우수사 배설에게 함대를 거느리고 공격하게 하였다.

배설은 웅천을 급습해 잘 싸웠으나, 많은 병사가 전사하고 군
량 200석, 함선 수십 척을 상실하였다. 배설이 함선 수십 척을 잃
고 패하자, 권율은 이에 대한 책임을 물어 원균을 태형에 처한 뒤
다시 출전하라고 명하였다.

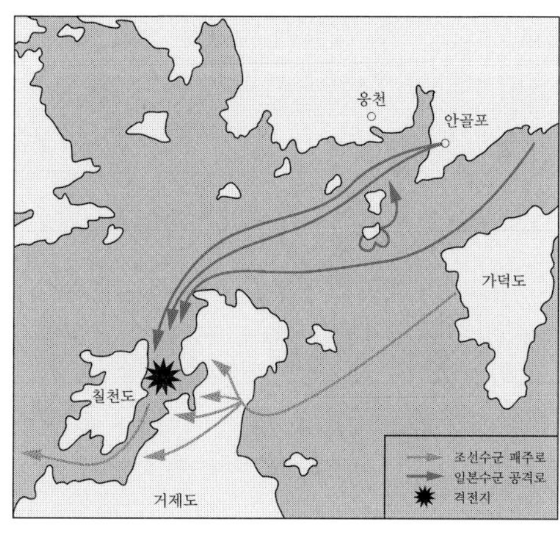

| 칠천량해전도

원균은 어쩔 수 없이 전선을 이끌고 부산진으로 향했다. 조선
의 수군을 만난 적들은 도망가는 척하며 아군을 유인하였다. 조선
수군은 적이 도망가자 기세가 올라 급히 적을 쫓아 공격해 들어갔
다. 어느덧 적진 깊숙이 들어간 원균은 너무 적진 깊숙이 들어온
것을 깨닫고 배를 돌려 퇴군하려 할 때에 왜군은 모든 병선을 다
모아서 공격해 왔다.

조선 수군은 영등포로 퇴각하였으나, 왜군은 은밀히 가벼운 배

를 영등포 섬 쪽에 보내어 잠복하고 있었다. 조선 군사가 영등포로 퇴각하여 급히 배에서 내려 나무와 물을 구하는 것을 보고 갑자기 사방에서 나타나 총포를 쏘며 장검을 휘두르니, 조선 수군은 항구를 떠나 온라도로 후퇴하였다.

이날 밤 왜군은 야음을 타고 작은 배로 은밀히 우리 수군 진영 사이로 숨어들어 오면서, 병선으로 밖을 포위하였다. 이것을 모르고 있던 조선 수군은 날이 밝을 때쯤 숨어들어 온 왜군이 불을 지르며 사방에서 공격해오니 가히 대항하여 싸울 수 없는 형상이었다.

정박해 있던 아군의 함선들과 거북선은 제대로 싸워보지도 못하고 전부 침몰하고, 병사들은 수장되거나 산으로 도망갈 수밖에 없었다. 이 전투에서 전라우수사 이억기와 충청수사 최호, 조방장, 배흥립 등 수군 장수들이 전사하였다. 원균은 할 수 없이 배를 버리고 연안으로 올라갔는데 적이 따라와서 목을 베어갔다.

전세가 불리해지자 경상우수사 배설이 12척을 이끌고 전장을 탈출하니 우리 수군의 전열은 무너지고 말았다. 배설은 한산도로 후퇴한 뒤 군사 시설 및 양곡·군기와 군용 자재를 불태우고 남아 있던 백성들을 피난시켰다.

06 다시 삼도수군통제사가 되다

이순신에게 백의종군은 굴욕을 말한다. 장수가 자기의 직책을 버리고 말단 병사가 되어서 전쟁에 참가하는 것이기 때문이다. 군인은 명예를 바탕으로 하는 직업이기에 더욱 그렇다.

선조는 원균이 패전하여 전사하자 다시 이순신을 삼도수군통제사로 임명하였다. 그러나 제대로 싸울 수 있는 변변한 전선도 없었고 노를 저을 병사들도 거의 없는 허울뿐인 삼도수군통제사였다.

선조의 삼도수군통제사 임명장에서 나타난 마음도 거의 한탄에 가까웠다.

"짐은 이와 같이 이르노라.

나라가 의지하여 보장을 받을 것은 수군뿐인데…… 하늘이 아직도 화를 거두지 않아 걱정이다……(중략)

그리하여 오늘 이와 같은 패전의 치욕을 당한 것이라. 무슨 할 말이 있으랴. 이제 특별히 그대를 상복을 입은 그대로 기용하는 것이며, 또한 그대를 백의에서 옛날같이 삼도수군통제사에 임명하노니……"

선조의 임명장엔 후회의 빛이 뚜렷했다. 어제까지는 죽일 듯이 했던 선조가 갑자기 태도를 바꾸었다. 이순신은 임명장을 받는 순간 앞이 답답했을 것이다. 자신이 사랑하고 아끼며 키워왔던 병사들과 전함이 사라지고 이제 아무것도 남아 있는 것이 없었다. 이순신은 차마 말로 표현하지는 않았지만 미칠 것 같은 마음이었다. 모든 것을 잃고 무에서 시작하라는 말이기 때문이다. 이순신은 누구에게 이 탓을 돌리며 누구에게 책임을 물을 수 있을 것인가?

백의종군하는 이순신에게 다 쓰러져 가는 조선 수군을 바라보며 권율은 물었다.

"이제 어떻게 했으면 좋겠는가?"

이때 이순신은 말했다.

"제가 연해안 지방을 돌면서 직접 보고 듣고 한 뒤에 결정을 하겠습니다."

이순신은 백의종군하는 불우한 처지에 대해서 불평불만을 늘 어놓지 않았다. 이순신은 직접 남해안을 돌아본 뒤에 방법을 결정하기로 하고 9명의 군관과 함께 그날로 떠났다.

이순신은 먼저 자신의 본부로 가기보다는 우선 남쪽 지역 바다의 상황을 알고 싶었다. 이순신은 고문으로 아픈 몸을 이끌고 바닷가 지역을 돌아보았다. 우선은 원균의 패배 이후 전쟁 상황이 어떤가를 보고, 백성들의 상황을 보고 싶었다.

비가 오는 날에도 행군을 하면서 백성들의 상황을 살피고 마음을 정리하였다. 20여 일간 남도를 순회하면서 이순신은 충격을 받았다. 칠천량해전으로 패한 조선은 여기저기서 시체 썩는 냄새가 진동하고 있었다.

왜군은 영산강과 만경강을 통해 곡창지대를 점령하고 한양으로 곧장 달려갈 기세였다. 그를 만나러 나온 피난민들은 두려움으로 몸을 떨며 이순신을 만났다. 백성들은 이순신을 맞이하면서 기뻐서 어쩔 줄을 몰랐다. 절망에 빠진 백성들이 다시금 희망을 가질 수 있었기 때문이다. 도망간 군졸들도 이순신을 만나 기쁨에 울음을 터뜨렸다.

이순신에게는 위급한 전쟁을 치르기 위해서 많은 무기와 식량이 급하게 필요했다. 백성들의 도움으로 필요한 물자를 이른 시일 내에 모을 수가 있었다. 물자를 지원할 뿐 아니라 이순신을 따르는 많은 백성이 모여들어 서로 돕겠다고 자청했다. 많은 백성이 이순신을 믿었고 그를 의지했기 때문이다.

이순신은 몸도 성하지 않은 상태에서 200km 이상의 먼 길을 다니면서도 오직 '나라를 구해야 한다' 는 다짐을 하면서 길을 가고 있었다. 조선 수군과 민심을 어떻게 수습할 것인지, 무엇으로 수습할 것인지에 대해 끊임없이 고민하고 있었다. 이순신은 고문의 후유증과 먼 길을 걷느라 지쳐서 병세가 악화되어 위험한 지경에 이르렀다.

　　이순신의 남도 20여 일 동안의 길은 새로운 힘을 얻으려고 떠나는 길이었다. 흩어져 있던 군사와 병기를 모으는 시간이었지만, 이순신의 흩어져 있던 마음도 추스리는 시간이었다. 그리고 절대로 한 명의 왜군도 살려서 보낼 수 없다고 다짐하는 시간이었다. 20여 일 동안 이순신은 조선의 미래를 걱정하고, 자기 죽음까지도 마음속으로 고민했을지도 모른다.

07 수군을 육군에 편입하라

이순신이 삼도수군통제사가 되어 지금의 전라남도 장흥에 있는 회령포에서 도착해 보니 배솔이 도망 나오면서 가져온 전선 12척이 전부였다. 병사들은 뿔뿔이 흩어지고, 무기는 거의 없었다. 배설이 가지고 있던 12척의 배가 이순신에게 조선 수군을 재건하는 발판이 되었다.

남아 있던 1,000여 명의 병사 중 반 이상이 신병들이어서 훈련을 제대로 받지도 못하였기에 제대로 전쟁도 할 수 없었다. 그리고 부하 장수들 중에서 절반 이상은 이순신 편이 아니어서 명령에도 제대로 따르지 않았다. 더욱이 병사들은 지휘관들이 지휘를 잘못했기 때문에 졌다고 생각하고 지휘관들의 말을 불신하여 따르지 않았다.

원균의 패배로 장병들은 패배 의식뿐만 아니라 사기가 바닥이었다. 왜군의 대부대와 싸운다고 해도 또 패배할 것이라는 생각이 지배적이었다. 이순신은 이미 이런 점을 알고 있었다.

칠천량해전 6일 만에 삼도수군통제사가 되어서 해야 할 가장 급한 것은 바로 이 신뢰감을 회복하는 것이라는 것을 알았다. 병사들은 전의를 상실하여 도망가기 바빴고, 더욱이 일본 전선 133척이 몰려온다는 소식에 백성들은 불안에 떨었다.

이러한 사실을 보고받은 선조는 이순신에게 수군을 없애고 육군에 합류하라는 지시를 내렸다. 그러나 이순신은 선조에게 다음과 같이 편지를 보냈다.

"임진왜란이 터진 이래 5, 6년간 적이 감히 호남과 호서에 쳐들어오지 못한 이유는 우리나라 수군이 적의 수군을 막았기 때문입니다. 지금 신에게는 아직도 12척의 전선이 있으므로 죽을 힘을 다해 싸우면 적의 진격을 막을 수 있습니다.

만일 지금 수군을 폐하시면 적이 바라는 대로 되는 것이며, 전하의 적들은 호남과 호서의 연해안을 돌아 한강으로 들어가 전하에게로 갈 것이므로, 신은 이것을 두려워하지 않을 수 없습니다. 전선의 수가 적고 미미한 신하에 불과하지만, 신의 몸이 아직 살아 있는 한 적이 감히 우리를 얕보지는 못할 것입니다."

결국, 선조는 이순신의 강한 의지를 느끼고 더는 요구하지 않았다. 이순신의 자신감 있는 모습에 마음이 놓였기 때문이다.

이순신은 칠천량해전에서 전세가 불리해지자 도망친 경상우수사 배설로부터 12척의 배를 인수한 것은 1597년 8월 18일 회령포에서였다. 《난중일기》에는 당시 배설의 태도가 '건방진 태도가 매우 경악할 일'이라 하여 참지 못할 정도였다고 하였다.

이순신은 배설이 부대의 지휘관으로서 문책하게 되면 군의 사기가 떨어질 것이라고 생각하였다. 이순신은 배설의 체면을 살려주기 위하여 배설의 부하 중에 문제 있는 사람만을 잡아 곤장을 치는 것으로 그쳤다.

이순신은 배설을 용서하고 이해하고 같이 싸울 것을 권유하였다. 그러나 배설은 벽파진해전을 앞두고 적이 대거 쳐들어올 것을 겁내어 도망가려고만 했다. 이순신은 그런 사정을 알고 있었지만, 문책하지 않고 애써 참고 있었다.

1597년 배설이 자기 종을 보내어 '병세가 몹시 중하므로 몸조리를 해야겠다'는 청원서를 제출했다. 배설이 몸조리를 핑계로 숨어 있자 조정에서는 체포 명령을 내렸다. 결국, 배설은 1599년 권율 장군에게 붙잡혀 참형을 당했다.

　이순신을 둘러싼 주변의 상황은 최악이었지만 그는 주변의 상황에 포기하지 않았고, 죽을 각오로 명량해전에 임하였다. 역사는 이순신의 편을 들어 주었고, 이순신은 역사에 남는 위대한 인물로 이름을 남기게 되었다. 이처럼 죽기를 각오하면 되지 않을 일이 없다.

08 명량해전에서 대승을 거두다

이순신은 이대로 전쟁을 치르기 어렵다는 판단 아래 다시 전쟁 준비를 하였다. 이순신은 명량해전을 앞두고 전선 1척을 추가로 만들어 총 13척으로 늘어났다. 이순신은 남해안 일대를 돌아다니며 흩어진 병사들과 무기가 될 만한 것들을 모아 수군 재건에 온 힘을 쏟았다.

이순신은 전쟁 준비만 한 것이 아니라 각 지역마다 왜군의 동태를 살피도록 지시하였다. 마침 왜군의 함대가 전라남도 해남군의 어란포에 들어온다는 보고를 받고, 진도에 있던 벽파진에서 해남군에 있던 우수영으로 함선을 옮겨 미리 적의 침입에 대비하고 있었다.

당시 일본 수군의 대장은 가토 요시아키로 330여 척의 전선을 보유하고 있었다. 이 중 명량해전에 참가한 부대는 구루시마와 도도가 이끄는 133척의 함대였다. 일본 수군은 목포 쪽으로 흐르는 북서류를 타고 명량해협을 통과하여 전라도로 서진할 계획이었다.

왜군들은 이순신이 복귀했다는 것은 알고 있었지만, 이순신이 13척의 전선만으로는 전쟁을 치를 수 있을 거라고 생각하지 않았기에 대수롭지 않게 여겼다. 그뿐만 아니라 이번 출전으로 최대의 적이었던 이순신과 조선 수군을 완전히 제거하고자 했다.

명량해협은 진도와 화원반도 사이에 있는 좁은 수로로 조류는 국내의 수로 중에서 가장 빠른 곳이다. 왜군들의 배는 배 밑이 뾰쪽하여 물이 빠른 곳에서 유리하게 만들어져 있었다. 왜군들은 빠른 수로를 이용하여 얼마 안 되는 조선 수군을 압박해서 물리친 다음 전라도로 진격하려고 하였다.

1597년 9월 16일 마침내 일본 수군 200여 척이 울돌목으로 들어섰다. 이 중 70여 척이 입구 쪽에 남고 나머지 133척이 해협으로 진입했다. 이때 해류는 동쪽에서 서쪽으로 흐르고 있었다. 즉 일본 수군이 해류의 흐름과 일치하는 순방향이었다.

전투가 시작되자, 13척의 조선 함선들의 일부가 뒤로 물러서기 시작했다. 일본은 조선 수군이 겁을 먹고 도망간다고 판단하여 뒤를 쫓기 시작하였다. 그러나 오후가 되자 해류의 방향이 반대로

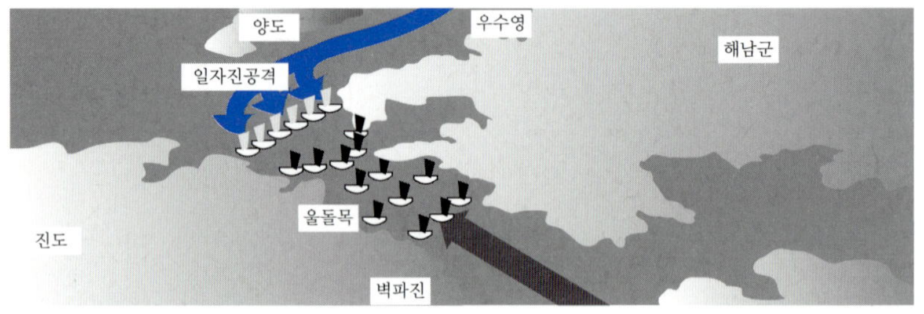

| 명랑해전도

바뀌자 조선의 함선들은 일제히 반대로 공격을 시작했다.

왜군의 함대는 해류 때문에 앞으로 나가지도 못하고, 이미 너무 좁은 해역에 많은 배가 들어서는 바람에 왜군의 군함들은 마구 엉키었다. 조선 수군은 이 기회를 놓치지 않고 포격전과 함께 배를 적의 배에 부딪히는 작전을 시작하였다. 너무 많은 배가 엉켜 있어서 대충 대포를 쏴도 맞았다. 133척의 대함대를 13척으로 추격하는 형세가 되었던 것이다.

조선 수군의 판옥선에 비해 상대적으로 약했던 왜군의 안택선은 포탄과 배의 충격에 줄줄이 파괴되었다. 배가 가라앉으며 일본 수군의 시체와 배의 잔해가 바다를 덮기 시작했다. 오후 4시경, 일본 수군은 전멸하였고 조선 수군은 승리하였다.

이순신은 명랑해전에서 겨우 13척의 배를 가지고 적선 133여 척과의 대결에서 우리는 단 5명의 부상자만 생겼지만, 적군은 30

여 척의 배가 파괴되었다. 더욱이 서해안을 통해 한양으로 가려는
왜군의 작전이 실패하게 되었다.

왜군들은 133척의 함대를 맞이하여 13척의 배가 공격해 올 것이라고는 생각하지 못했다. 더욱이 물살이 센 곳에서 전투가 자신이 있다고 생각했지만, 오히려 너무 많은 배들이 해역에 들어왔기에 엉켜서 전투다운 전투를 해보지도 못하고 패했다.

명량해전은 세계 해전 역사에서 13대 133의 열세를 승리로 바꾼 역사적인 기록을 세웠다. 명량해전의 기록은 지금까지 세계 어느 해군 제독도 깨지를 못했다. 이처럼 말도 안 되는 적은 숫자의 배로 왜군을 상대할 수 있었던 것은 이순신의 용기에서 비롯되었다고 할 수 있다.

13척의 전선으로 무려 10배가 넘는 133척의 일본 전선을 상대한다는 것은 일반적으로 이해하기 어렵다. 중국 최고의 병법 전문가가 지은 《손자병법》 모공편에는 "적보다 10배 정도면 포위 공격이 가능하고, 만약 매우 열세하면 능히 피해야 한다. 피하지 않고 끝까지 버티면 결국 대군의 포로가 된다." 라고 했다.

조선의 전선과 왜군의 전선의 차이가 10배 이상 나니 왜군은 충분히 포위 공격이 가능하며 이를 상대하여 끝까지 버틴다고 하면 패할 수밖에 없었지만, 오히려 이순신은 대승을 거두었다.

09 강강술래로 적을 기만하다

전쟁이 길어지면서 백성들의 피해가 매우 심해졌다. 게다가 전쟁으로 인해 많은 사상자가 났다. 특히 전쟁에 적극적으로 참여할 수 있는 젊고 기운이 좋은 남자의 수가 크게 줄게 되었다.

특히 명량해전에서 겨우 13척의 배로 전투를 해야 하는 이순신은 군사가 많이 있다는 것을 보여야 했다. 그래서 이순신은 진도와 해남의 여성들에게 남자 옷을 입혀 해안에 있는 산자락을 돌게 하여 조선의 군사가 많음을 보여 주고자 하였다.

결국 강강술래는 이순신을 따르던 부녀자들이 산에 올라 불을 지피고 빙빙 돌면서 조선의 군사가 매우 많다는 것을 보여주는 군사작전이었다. 강강술래는 왜군들을 혼란시키고 왜군의 사기를 꺾는 데 있어서 많은 도움이 되었다. 강강술래는 이렇게 줄어든

젊은 남자들을 대신해서 부녀자들이 전쟁에 참여하여 공을 세운 것이다.

강강술래는 원래 왜군이 우리 해안에 상륙하는 것을 감시하기 위해서 부녀자들로 하여금 수십 명씩 떼를 지어서 해안지대 산에 올라가 곳곳에 모닥불을 피워 놓고 둥글게 돌면서 '강강술래' 라는 노래를 부르게 한 데서 비롯되었다.

'강강술래' 라는 말은 한자의 '强羌水越來강강수월래'에서 온 것이 아니라, 우리말에서 유래한 것이다. 전쟁을 마친 후에도 전라도 해안 부근의 부녀자들이 당시를 기념하기 위하여, 연례행사로 '강강술래' 노래를 부르며 놀던 것이 전라도 일대에 퍼져 전라도 지방 특유의 여성 민속놀이가 되었다.

강강술래의 유래가 가지는 의미는 매우 크다. 이는 바로 이순신 과 전라도 백성이 함께 만든 군사작전이자 이순신과 백성의 신뢰 관계가 돈독했음을 알 수 있는 근거 자료가 된다. 전쟁 중에 백성 들이 이순신을 믿지 못하고 있었다면 강강술래는 없었을 것이다.

Tip

강강술래는 이순신의 나라를 사랑하는 마음과 이순신에 대한 백성들의 믿음이 하나가 된 결정체라고 볼 수 있다. 임진왜란 3대첩의 하나인 행주대첩에서 권율 장군은 여인들과 함께 행주치마로 적과 싸우는 신뢰의 전투를 했고, 이순신은 여인들과 함께 강강술래로 신뢰의 전투를 했던 것이다.

10 아들 면이 전사하다

이순신에게는 5명의 아들이 있었다. 본부인 방씨 사이에 회, 열, 면 등 3형제와 딸을 두었고, 서자로 훈, 신 그리고 2명의 딸 등 5남 2녀를 두었다. 이순신의 큰아들 회와 둘째 아들 열은 일찍부터 아버지를 따라 수군으로 왜군과 싸웠다. 마지막 해전인 노량해전 당시 이순신의 옆을 지키고 있었던 이는 그의 조카인 이완과 큰아들 이회였다.

하지만 이순신은 자신의 아들이라 해서 특별 대우를 하지는 않았다. 오히려 한산도 수군 본영에서 전쟁 기간 중 실시한 무과에서 시험 담당관이었지만 아들들을 번번이 탈락시킨 것으로 유명하다. 실적도 없는 자기 아들을 전공자로 만들어 상을 받게 만들던 원균과는 비교가 되는 일이었다.

셋째 아들인 이면은 이순신이 백의종군할 당시 충남 아산의 충무공 본가에 남아 가족들의 안전을 지키고 있었다. 명량대첩에서 이순신에게 완전히 패한 왜군들은 그 앙갚음으로 아산에 있던 이순신의 가족을 몰살하라는 지시를 내렸다. 왜군들은 소수 정예의 군대를 이끌고 아산을 쳐들어갔다. 이에 셋째 아들 면은 가족들을 데리고 산으로 피난하면서 왜군들의 공격에 떳떳이 맞서다 전사하였다. 그의 나이는 21세였다.

《난중일기》를 보면 당시 이순신의 마음을 이해할 수 있다.

《난중일기》 중 10월 14일

맑음. 새벽 2시쯤 꿈을 꾸니, 내가 말을 타고 언덕 위를 가다가 말이 발을 헛디뎌 냇물 가운데로 떨어졌으나 거꾸러지지는 않았다. 그런데 막내아들 면이 나를 끌어안은 형상을 보이는 듯하다가 깨었다. 이것이 무슨 조짐인지 알 수가 없다.

저녁에 어떤 사람이 천안에서 와서 집안 편지를 전하는데, 봉함을 뜯기도 전에 뼈와 살이 먼저 떨리고 정신이 어지러웠다.

겉봉을 대강 뜯고 둘째 아들 열의 글씨를 보니, 겉에 통곡慟哭이라는 두 글자가 써 있다. 면이 전사한 것을 마음속으로 알고 간담이 떨려 목 놓아 통곡했다.

하늘이 이다지도 어질지 못한가? 간담이 타고 찢어지는 것만 같다. 내가 죽고 네가 사는 것이 마땅하거늘, 네가 죽고 내가 살다니 이것은 이치가 잘못된 것이다.

천지가 어둡고 저 태양이 빛을 잃는구나. 슬프다, 내 아들아! 나를 버리고 어디로 갔느냐? 영특한 기상이 보통 사람보다 뛰어났는데, 하늘이 너를 머물게 하지 않는가? 내가 죄를 지어서 그 화가 네 몸에까지 미친 것이냐?

이제 내가 세상에 있은들 장차 무엇을 의지한단 말이냐? 차라리 죽어서 지하에 너를 따라가서 같이 지내고 같이 울리라.

네 형과 네 누이와 너의 어머니도 또한 의지할 곳이 없으니, 아직 목숨은 남아 있어도 이는 마음은 죽고 형용만 남아 있을 뿐이다. 오직 통곡할 뿐이로다.

밤 지내기가 1년처럼 길구나.

이날 밤 9시경까지 비가 내렸다.

이 글을 보면 셋째 아들 면의 전사 소식을 들은 이순신은 아들이 죽었기에 자신까지 같이 죽고 싶은 마음도 간절하였고, 아들이 없는 세상을 하루가 일 년같이 느꼈다고 적고 있다. 아들의 전사를 자신 때문이라고 생각하고 죄책감으로 괴로워하고 있는 것을 알 수 있다.

얼마나 슬펐으면 같이 죽고 싶다는 말까지 적고 있다. 이것은 가족을 잘 지켜주지 못한 자신의 신세를 단적으로 보여주고 있으며, 자신이 왜군을 많이 죽인 대가를 아들이 받았다고까지 생각하고 있다.

위의 일기를 보면 이순신은 10월 14일에 아들의 전사 소식을 듣고 큰 충격을 받고 고뇌에 빠져 있는 것을 잘 알 수 있다. 일기를 보면 이순신의 슬픔을 구구절절이 느낄 수가 있다. 그러나 10월 16일의 일기를 보면 정상적인 업무를 하고 있는 것으로 보인다.

| 이순신 난중일기 및 서간첩 임진장초

이순신은 자신의 아들을 잃은 슬픔보다는 백성의 슬픔이 더 중요했다. 자신의 슬픔보다 나라를 구하고자 하는 일이 더 중요하였다. 그리고 자신을 바라보면서 희망을 갖는 백성들 때문에 그는 슬픔을 딛고 일어난 것이다. 이순신은 오랫동안 슬퍼하거나 힘들어 할 수도 없었다. 그에게는 조선과 백성이 있었기 때문이며, 조선과 백성은 그에게 희망이었기 때문이다.

11 명나라 수군 도독 진린을 감동시키다

이순신의 전투는 적어도 왜군과의 전투만이 아니었다. 왜군뿐 아니라 조선을 도우러 왔다고 하는 명나라 군과도 싸워야 했다. 명나라 수군은 왜군과의 전쟁이 끝나가는 무렵인 1598년 7월에 만나게 된다.

임진왜란 막바지에 명나라 수군의 대장격인 도독 진린이 조선을 도우러 오면서 먼저 한양에 들렀는데 소문대로 성격이 흉포했다. 그의 비위를 거스른 조정 대신들이 온갖 수모를 당하고 곤장까지 맞았다. 이렇게 한바탕 난리를 피우고 조선 수군과 합류하러 남쪽으로 내려가는 것이다.

1598년 7월 16일에 명나라 수군을 위한 환영식을 베풀었다. 7월 24일은 이순신과 명나라 수군 도독 진린이 고금도에서 함께 술을 마시고 있는데 명나라 군관이 보고하였다. "오늘 새벽 왜군을 만나 전투를 벌였습니다. 명나라 수군은 바람이 너무 세게 불어 제대로 싸우지 못했는데 조선 수군이 모조리 왜군을 격파하였습니다."

진린 도독은 같이 전투에 참여했는데 명나라 군사는 실적이 하나도 없는데 조선 수군이 모두 물리쳤다는 소리에 역정을 내며 수치심을 감추려 하였다.

이에 이순신은 말했다.

"진린 도독! 그만 고정하십시오. 제가 볼 때는 멀리서 조선을 도우러 왔으니 진중에서 승리한 것은 모두 진린 도독의 공로입니다. 그러니 우리 수군이 얻은 왜군의 수급은 모두 진린 도독에게 드리겠습니다. 도독이 이곳에 온 지 얼마 안 되어 이런 전공을 세운 것을 황제가 안다면 얼마나 좋아하시겠소."

이순신은 자신이 전쟁에서 얻은 포획한 적선 6척과 적병의 수급 69개를 모두 진린에게 주겠다고 배려하였다.

이에 진린 도독은 기뻐하며 이순신을 칭찬하였다.

"장수의 실적은 전쟁에서 얻은 물품들인데 그것을 모두 준다는 것은 장수로의 권한을 포기하는 것인데도 불구하고 준다니 매우 고맙소. 장군이 준 물품들을 우리 황제에게 보내면 분명히 기뻐하실 겁니다."

진린은 이순신이 준 것들을 한양 명군 사령부로 보냈다.

이순신의 배려는 전쟁터에 같이 있던 진린 도독에게도 이뤄졌다. 지원군으로 왔지만 전투는 하지 않고 백성들에게 피해만 주는 군대였지만, 이순신은 싸움으로 맞선 것이 아니라 오히려 배려를 해주었다.

이순신의 배려에 감동한 진린 도독은 명나라의 신종에게 조선에도 이순신 같은 명장이 있으며, 그의 공적을 치하하기 위해서 명조팔사품을 받도록 해 주었다. 그리고 자신의 부하들에게도 이순신의 명령에 따르도록 하였다.

명조팔사품은 참도, 귀도, 곡나팔, 도독인, 영패, 남소령기, 홍소령기, 독전기로 이루어져 있고 현재 통영 충렬사에 전시되어 있다. 명조팔사품은 이순신을 도독으로 임명하는 징표로서 명나라에서도 그 능력을 인정한 것이다.

이순신은 명나라 군사들이 조선의 백성들에게 피해를 주고 있음을 알고 있었다. 적과 싸우기도 힘든 판국에 도우러 왔다고 하는 명나라 군사들이 우리 백성에 대해 횡포가 심하다는 그 사실을 알고 마음이 아팠다. 이순신은 저들을 설득하기 위하여 배려까지 행했다. 이순신에게 지켜야 할 사람은 우리 백성이었기에 명나라 수군을 배려하며 달랜 것이다.

배려는 남을 도와주거나 보살펴 주려는 마음을 뜻한다. 아무리 높은 지위에 있는 사람이더라도 남을 도와주거나 보살펴 주려는 마음이 없다면 배려가 있는 것은 아니다. 그러므로 이순신의 배려리더십은 상대방을 이해하는 데서 출발한다.

이순신은 많은 허물이 있었던 명나라 도독 진린마저 배려할 줄 아는 아량이 있었다. 난처한 입장이 된 명나라 군사들에게 적의 수급을 전달해 주고 이를 보고토록 도와주니 진린은 감동을 받고 이를 명나라에 보고하여 팔사품을 받게 되는 것이다. 이처럼 어려운 중에도 배려를 베풀게 되면 사람의 마음을 감동하게 하여 좋은 기쁨의 선물을 받을 수 있다.

12 노량해전에서 승리하다

정유재란으로 조선을 다시 침략한 왜군은 명량해전에서 이순신에게 일본 수군이 격파당하고, 남부 해상권이 조명연합군에게 다시 넘어가게 되었다. 따라서 해상 보급로는 완전히 차단당해 왜군은 고전을 면치 못하고 있었다. 계속되는 패전으로 병사들의 사기는 계속 저하되어 가고 있었고, 보급도 받지 못한 채 겨울을 맞이해야 하는 최악의 상황이었다.

그러다 이듬해인 1598년 음력 8월 18일 도요토미 히데요시가 본국에서 병으로 죽었다는 소식을 듣고 철군을 결정하게 되었다. 도요토미 히데요시의 가신들은 모두 조선에 와 있었기에 정권을 잡게 된 도쿠가와 이에야스를 신경 쓰지 않을 수 없었다. 결국, 왜군은 서둘러 전쟁을 끝내고 자국으로의 철군을 결정하고 순천·사천·울산 등지로 집결하며 철수를 서둘렀다.

이 정보를 습득한 이순신은 명나라의 도독 진린과 함께 왜군의 퇴로를 막기로 하였다. 그런데 철수 부대를 실은 왜선의 해로를 열어줄 것을 조건으로 고니시 유키나가에게서 뇌물을 받은 진린은 이순신에게 왜군의 퇴로를 차단하지 말자고 권고하였다.

"장군! 왜군이 물러간다고 하니 남해에 가서 전투를 하는 것이 어떻소?"

이순신은 진린이 왜군의 뇌물을 받은 것을 알았기 때문에 강하게 말했다.

"나는 절대로 한 놈도 왜국으로 돌려보낼 수 없습니다."

이순신의 단호한 말 속에서 진린은 더는 변명할 수 없었다.

1598년 12월 16일 이순신은 일본으로 돌아가는 왜군을 노량에서 맞아 최후의 결전을 하기로 결정했다. 조명연합군은 왜군의 전선을 관음포 쪽으로 몰아서 몰살시키겠다는 공격 목표를 세웠다. 조선 함대 60척을 매복시켰고, 마지못해 뒤따라온 명나라 함대 200척은 뒤편에서 일본 수군의 퇴로를 차단하기로 하였다.

고니시는 경남 사천에 있던 시마쓰 요시히로와 남해의 소시라노부에게 구원을 청하여 퇴로를 만들기 위해서 전선 500여 척을 이끌고 노량으로 행했다. 매복해 있던 이순신은 함선들에게 진격

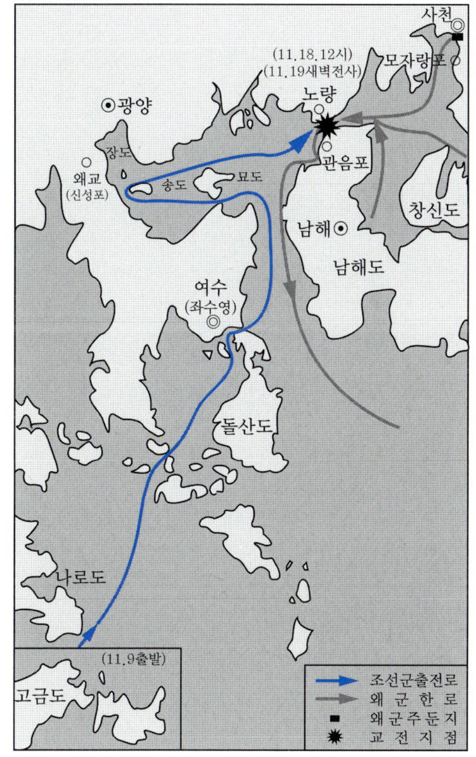

| 노량해전도

명령을 내려 적선 50여 척을 격파하고 200여 명의 적병을 죽였다.

왜군은 이순신을 잡을 목적으로 포위하려 하였으나 도리어 조선 수군이 진린의 수군과 함께 북서풍을 이용한 맹렬한 화공을 퍼부었다. 왜군은 허둥대면서 관음포 방면으로 후퇴하였다. 관음포가 퇴로인 줄 알았지만 물길이 막혀 왜군은 더는 도망갈 수 없었다.

결국, 일본은 배수의 진을 치고 조선 함대와 최후의 일전을 벌여야 하는 형세가 되었다. 이순신은 더욱 강하게 북채를 잡고 전투의지를 고취시켰다.

이순신은 적선의 퇴로를 막고 이를 공격하여 격파하는 동시에 적에게 포위된 진린도 구출하였다. 4시간 동안 치열한 전투 끝에 왜군은 400여 척의 전선을 파손당해 남해 방면으로 100여 척을 이끌고 도망쳤다. 이순신은 왜군을 놓치지 않으려고 필사적으로 추격하였다. 이순신은 왜군을 한 놈도 돌려보낼 수 없다는 생각에 근접전을 불사하였다.

그러나 이 추격전에서 이순신은 적의 유탄에 맞았다. 이순신은 죽는 순간까지 자기의 죽음을 알리지 말고 추격을 계속하여 적을 격파하라고 유언을 남기고 전사하였다. 조선군은 왜군을 격파한 후에 이순신의 전사 소식을 들었다. 이 추격전에서 왜군은 다시 50여 척의 전선이 격파당하고 겨우 50여 척의 남은 배를 수습하여 도망쳤다.

이순신은 노량해전이 왜군에게 복수할 수 있는 마지막 기회라는 것을 잘 알고 있었기에 죽음을 각오하고 해전에 임했다. 이미 명나라의 진린이 왜군들에게 뇌물을 받아 왜군들을 순순히 보낼 것이라는 것을 이순신은 잘 알고 있었지만, 이번 해전이 아니고서는 조선 산하를 짓밟은 왜군에게 복수할 수 기회가 없음을 알고 있었다. 그래서 이순신은 진린에게 무조건 자기를 따라 달라고 했던 것이다.

이순신은 노량해전으로 인해 모든 전쟁이 끝날 것이라는 것을 알았기 때문에 자신의 미래도 정리를 해야 했는지 모른다. 이순신은 전투 중에 직접 북채를 잡고 깃발을 들고 병사들에게 전투를 독려했던 것이다. 다른 어떤 전투보다 근접전을 통해서 격렬한 전투를 하였다.

노량해전은 이순신에게 마지막 전투가 되었다. 이순신의 마지막 배려는 조국을 위해서 목숨을 바치는 것이었다. 죽음으로써 조선을 침범한 왜군에게 원수를 갚고 다시는 조선을 쳐들어오지 못하도록 하였다.

13 나의 죽음을 알리지 마라

이순신의 전사 장면은 서애西厓 유성룡柳成龍의 《징비록懲毖錄》에 자세하게 기록되어 있다.

무술년1598 시월에 적선을 쫓아 남해의 경계에 이르렀을 때, 순신이 몸소 화살과 돌을 무릅쓰고 힘써 싸우더니, 어떤 날아오는 탄환이 그 가슴에 맞아 등뒤로 나왔다. 좌우 사람들이 부축하고 휘장 안으로 들어가거늘, 이순신이 말했다. "싸움이 바야흐로 급하니 삼가 내가 죽었다는 것을 말하지 말라." 하고, 말이 끝나자 목숨이 끊어졌다.

군사들의 사기를 떨어뜨리지 않기 위한 이순신의 최후의 명령이었다. 이순신의 죽음은 같은 전함에 있던 심복 정희립도 몰랐을 정도로 싸움은 급박했다. 이순신의 마지막 유언은 승기를 잡은 조선 수군의 보이지 않는 힘이 되어 노량에서 큰 승리를 거두게 하였다.

이순신의 마지막 명령은 조국을 지키고 있는 군사들에 대한 간곡한 당부였고 군사들의 용맹을 잃지 않게 하기 위한 마지막 배려였다. 또한, 풍전등화와 같던 나라를 살리기 위한 마지막 배려였던 것이다.

이순신은 죽음 앞에서도 의연하였고 그의 대쪽 같은 품성을 그대로 보여주고 떠난 것이다. 이순신의 죽음은 많은 사람이 알지 못하는 죽음이었지만, 그의 죽음은 나라를 구한 거룩한 죽음이었다.

누구든지 여유 있고 건강하고 태평할 때 남을 위해 배려하는 것은 쉬운 일이나 죽음에 이르기까지 배려하는 마음을 주는 것은 참으로 어려운 일이다. 그러기에 죽음 앞에서도 의연하게 군사들이 최선을 다하도록 자신의 죽음을 알리지 말도록 하면서 나라를 구한 이순신에게 머리가 절로 숙여지는 것이다.

이순신은 외로웠다. 관직을 시작하면서 수많은 상관으로부터 바른길을 간다는 이유로 박해를 받거나 부당한 대우를 받았다. 이순신은 아무도 알아주지 않는 하급관료 생활을 오래하였지만 그는 세상을 미워하거나 절망하지 않았다. 무엇보다도 이순신을 가장 힘들게 했던 것은 외부에서 주어지는 고난보다는 자기 자신과의 싸움이었다.

《난중일기》를 보면 이순신은 여러 차례에 걸쳐 '죽고 싶다', '통곡한다', '애통하다' 등의 단어를 적고 있다. 《난중일기》에서 드러난 자신과의 대화에서 포기하고 싶은 마음이 여기저기서 느껴진다. 하지만 이순신은 어떠한 고통과 고난에도 굴복하지 않았다.

노량해전에서 이순신의 죽음을 둘러싼 논란이 많다. 단순히 적의 총탄에 의한 전사라는 설과, 조선의 조정에서 이순신의 인기를 시샘하여 죽였다는 설, 스스로 전투 중에 자살을 하였다는 설이다. 어느 설도 정확한 것으로 결정된 것은 없지만, 이순신의 사인은 적의 총탄을 맞아서 사망한 것으로 되어 있다. 그러나 이순신의 전사戰史를 보면 전사자가 거의 없었다는 것과 당시 조총의 사거리는 50m 안에서 조준 사격을 해야 맞출 수 있었기 때문에 사전에 예방할 수도 있었으며, 갑옷을 입기만 했어도 총탄을 막을 수 있다는 것이다. 그러나 그는 싸움이 한창일 때 스스로 갑옷을 벗고 적탄을 맞고 전사하였다. 이 기록대로라면 장군은 스스로 죽음을 향해 걸어갔던 것이다.

　이순신은 오직 왕의 명령보다 조선을 살릴 길을 생각했고 아울러 싸움에서 이길 방법만을 생각하였다. 이순신은 고민이 매우 많았다. 이순신이 노량해전에서 이기면 선조는 왕권을 위협하는 더 위험한 인물로 생각하게 될 것이고, 싸움에 지면 조선 패배의 원인을 모조리 이순신에게로 돌릴 것이었기 때문이었다.

　당시 조선의 조정에서는 의병장들에게 대하여 긍정적으로 평가하기보다는 인기가 높아지는 것에 대해서 부담스러워 했다. 그래서 의병장들을 모아 옥에 가두었다. 그래서 의병장 김덕령도 옥에서 죽자 많은 의병장들도 목숨을 보존할 수 없다고 생각하게 되었다. 홍의장군 곽재우도 전쟁이 끝나기도 전에 의병을 해산하고 산으로 들어가 버렸다.

　이순신의 사인은 직접적인 자살은 아니지만, 자신의 죽음을 적극적으로 피하지 않고 죽을 수 있는 상황에 자신을 내맡겼다는 것은 충분히 추측할 수 있다. 임진왜란에서 이순신이 계속된 승리로 인해 민중의 인기를 받고 있었는데 노량해전까지 승리로 마치면 이순신은 더욱 존경을 받게 될 것이었다. 결국, 전쟁이 끝난 후엔 나약한 선조에게 크게 위협적인 존재가 될 수밖에 없었을 것이다.

이순신은 평소에 "자고로 대장이 자기의 공로를 인정받으려 한다면 생명을 보존하기 어렵다. 따라서 나는 적이 퇴각하는 날에 죽어 유감 될 일을 없애겠다." 라는 말을 자주 하였다. 결과적으로 이순신은 전쟁이 끝나도 죽을 것이라는 걸 알고 있었기 때문에 스스로 전쟁 중에 죽는 길을 선택했을지도 모른다.

05

이순신의 리더십

　리더십이란 원래 우리말로 지도력, 통솔력, 지휘력 등으로 번역되어 사용되고 있다.

　즉 리더십은 한 개인이 다른 사람에게 목표를 향해 정진하도록 영향력을 행사하는 것을 말한다. 따라서 리더십은 오늘날 사회라는 조직 속에서 살아가기 위하여 매우 필요한 요소로 인정받고 있다.

　그런데 문제는 이 리더십은 모든 사람들에게 공평하게 주어지지 않았다는 것이다.

　리더십은 타고난 재능이나 유전적인 영향을 받기보다는, 끊임없는 노력에 의해 발전된다. 그리고 리더십은 시간이 지나면 자동적으로 얻어지는 것이 아니라, 스스로에게 지속적으로 성공의 동기를 부여해야 가질 수 있다.

　리더십이 후천적인 동기와 노력의 영향을 더 받는다는 것은, 노력하면 누구나 리더십을 가질 수 있다는 얘기이다.

이순신은 탁월한 리더십을 발휘하여 우리나라 역사에서 가장 위대한 영웅이 되었다. 이순신이 다른 리더들보다 위대한 이유는 천부적 재능과 순탄한 운이 좋아서 리더가 된 것이 아니라 수많은 역경과 난관을 치열한 고뇌와 노력으로 극복했다는 데 의의가 있다.

이순신과 같은 리더십을 가지고 싶은가? 그러면 그의 리더십을 따라 해보자.

01 백성을 사랑하라

임진왜란과 정유재란 당시 왜군은 군인만이 아니라 일반 백성들에게도 무차별적인 공격을 하여 목숨을 앗아갔다. 평안한 삶을 살던 백성들에게는 갑자기 공포가 다가왔고, 살던 고향을 버리고 피난길에 오르게 하였다.

왜군과의 전쟁에서 조정은 아무 대책 없이 국토를 빼앗기고 백성들은 죽임을 당하고 있었기 때문에 나라에 대한 원망이 컸다. 농토는 황폐해지고 먹을 식량은 부족하여 백성들은 굶주렸기에 백성들의 원성은 날로 커질 수밖에 없었다. 거기에 전염병까지 돌아 민심이 더욱 흉흉해졌지만 어느 누구도 어찌 할 도리가 없었다.

이순신이 전쟁 중에 삼도수군통제가사 되어 충청도·전라도·경상도를 아우르는 모든 지역을 안전하게 지키는 것은 쉽지 않은 일이었다. 이순신은 아무것도 모르는 백성들이 죽음의 공포와 굶주림에 처해 있는 것을 보고 매우 안타까워했다. 그래서 이순신은 전쟁 중에 백성들을 마치 자식처럼 동생처럼 불쌍하게 여겼으며, 위로하였다.

이순신이 전라좌수사일 때 전쟁을 피해 여수로 온 200호의 경상도 백성에게 돌산도에 거처를 마련해 주었다. 거처만 마련해 준 것이 아니라 밭도 갈고 말도 길러 생업에 종사할 수 있도록 도와주었다. 이순신이 피난민을 도와주는 일은 나중에 한산도로 본부를 옮긴 후에도 계속되었고, 피난민들의 정착지를 순천과 흥양 등지로 확대하였다.

이순신에게는 나라의 중심이 백성이라는 신념이 있었다. 그렇기 때문에 임진왜란으로부터 나라를 구한 단순한 장수가 아니라 백성을 구하기 위해서 노력하였다. 백성이 잘되어야 나라가 잘살게 되고 임진왜란과 같은 전쟁에서 승리할 수 있음을 알고 있었다.

1592년 6월 14일 전투 결과를 보고하는 장계에서는 다음과 같이 적었다.

"왜군에게 사로잡혀 갔던 우리나라 사람들을 구출해 오는 일은 왜군의 목을 베는 것과 다름없는 공로이므로 왜선을 불태울 때에는 특별히 살펴서 찾아내고, 조심하여 함부로 죽이는 일이 없도록 하라고 각별히 분부하였습니다."

이는 백성의 목숨을 구하는 일이 적의 수급을 베어오는 것과 다르지 않을 정도로 중요한 일이라며 백성을 구출하는데 전력을 다하고 있음을 보여주는 대목이다.

1592년 3차 출동 결과를 보고하는 장계에서도 다음과 같이 적었다.

"그곳 백성들로서 산골짜기에 숨어 있던 사람들이 매우 많았기 때문에 만약 왜군의 배들을 모조리 불태워서 적들을 궁지로 몰아넣게 되면 숨어 있던 우리 백성들이 적들에 의해 마구잡이 살육을 면하지 못할 것이기에, 잠시 1리쯤 물러 나와서 밤을 지냈습니다."

이순신은 적을 궁지로 몰아버리면 왜군들이 육지로 상륙하여 우리 백성에게 피해를 입힐 것을 걱정하였다. 육지에는 부녀자와 노인들과 어린아이만 남아 있기 때문에 과도한 공격을 하게 되면 왜군을 자극해서 우리 백성을 유린하고 죽일 수 있다는 점을 잘 염두에 두었다. 따라서 이순신은 왜군을 공격하되 되도록 육지에서 멀리 떨어진 바다로 유인하거나 나올 때까지 기다렸다가 공격하였다. 그렇게 함으로써 전쟁으로 인한 피해가 백성에게 가지 않도록 노력하였다.

이순신이 직접 쓴《난중일기》에도 백성을 사랑하는 마음을 볼 수 있는 곳이 여러 곳이 있다. 1593년 5월 6일《난중일기》에는 다음과 같이 적었다.

"가뭄으로 농사일을 걱정하던 차에 늦게 큰비가 쏟아지더니 그대로 종일 그치지 않아 개천에 물이 넘쳐 농민들을 만족하게 하니 다행이다."

이순신은 군인이면서도 불구하고 오랫동안 비가 오지 않아 농사를 짓는 농부들이 걱정되었는데 큰비가 와서 농사짓는데 해갈을 하였기에 기뻐하고 감사한 글을《난중일기》에 적은 것이다.

　이순신은《난중일기》에 매일같이 그날 날씨를 함께 기록하고 있는데, 이처럼 그는 군대와 백성들의 농사에 영향을 미치는 하늘의 변화에 관심이 컸다. 이순신의 따뜻한 사랑을 느낀 백성들은 이순신을 존경할 수밖에 없었다.

　전쟁은 군인만이 하는 것이 아니라 온 국민이 다 함께 하는 것이다. 따라서 군인들만 가지고 전쟁을 이길 수 없기 때문에 백성들의 절대적인 지지가 필요했던 것이다. 이순신의 백성에 대한 사랑이 나라를 지켜야 한다는 마음으로 하나가 되게 하였다. 이러한 마음이 전쟁에서 승리하게 만든 원동력이 되었다.

02 부하를 배려하라

이순신은 부하에 대한 사랑이 남달랐다. 그의 사랑은 엄격한 군대의 규율 속에서 절제된 사랑이었고 가슴속에서 우러나는 사랑이었다.

이순신이 적은《난중일기》에는 부하들을 배려하는 마음이 자주 나타나 있다. 그중에서 하나를 보면 다음과 같다.

"종일토록 싸우고 돌아와서 모든 군사를 잠재워 놓고 혼자 돌아앉아 등불을 돋우고 손수 내일 쓸 화살을 다듬었다."

이순신은 전쟁에서 돌아와 피곤한 군사들을 재우고, 정작 최고의 장군인 자신은 자지 않고 전쟁 준비를 한다는 내용이다. 이처럼 이순신은 보이지 않는 곳에서 부하들을 항상 배려하고 있었기에 이순신은 더욱 위대한 지휘관이었다. 이순신의 부하에 대한 배려는 몸에 배어 있어 일상생활 속에서도 자주 나타났다.

부하 장수인 정운과의 일화는 이순신의 배려심이 잘 나타나 있다. 녹도만호 정운은 이순신의 선봉장이 되어 옥포해전·당포해전·한산도대첩 등의 여러 해전에서 큰 전과를 올렸다. 불행하게도 부산포해전에서 왜군을 추격하는 도중 적탄에 맞아 전사하였다. 이순신은 전투 중임에도 불구하고 장군의 몸으로 자신의 부하인 정운의 시체를 끌어안고 슬피 울부짖었다. 그뿐만 아니라 이순신은 전사한 정운에 대하여 친히 애도의 뜻을 나타낸 글을 짓고 눈물을 거두지 못했다. 이런 모습에서 이순신이 얼마나 정운을 아끼고 사랑했는지를 알 수 있다.

부하 병사들에게 대한 배려도 자주 나타났다. 이순신은 전투 중에 부상한 군인들에게 골고루 약을 주어 치료하게 하였다. 죽은 병사들은 그 시체를 하나같이 보관했다가, 각각 자기 고향에 곱게 묻어주는 등 세심한 관심과 배려를 아끼지 않았다.

이순신은 이처럼 부상당하거나 죽은 부하 장병들에게 베푸는 사랑이 그러했거늘 하물며 살아 있는 부하들에게는 오죽했겠는가? 부하를 아끼고, 보호하고, 의견을 들어주고, 같이 먹고 자고, 전투에 참여한 이순신이었다.

이순신의 배려에 감동한 부하 장병들은 이순신을 형이나 아버지처럼 따르게 되었다. 부하들이 이순신의 명령에 혼연일체가 되어 전투에 참여함으로 승리로 이끌게 된 것이었다. 부하에 대한 배려와 사랑은 부하들이 죽음을 두려워하지 않게 하는 용감함을 갖게 하고, 이를 통해서 모든 전쟁을 승리로 이끈 것이다.

Tip

배려 리더십은 사람들에게 감동을 주고 마음을 움직여 영향력을 발휘하게 하는 리더십이다. 배려 리더십은 자신이 먼저 솔선수범해서 부하들이 따르게 하는 것을 말한다. 이러한 리더십은 부하나 백성에 대한 끊임없는 애정이 있어야 가능하다. 배려의 정신은 타인에 대한 이해가 전제되기 때문이다.

03 가정을 소중히 하라

남을 생각하는 마음이 몸에 배어 있던 이순신은 가족에 대한 사랑도 누구보다도 끔찍했다. 이순신이 거느리는 가족을 보면 대가족임을 알 수 있다. 이순신의 가족은 어머니와 부인과 자녀를 합쳐 모두 11명의 직계 가족을 부양하였다. 그리고 두 형님들이 남기고 간 식구들까지 합하여 모두 24명이 가족으로 함께 다녔다. 조선 시대에는 관리가 제한된 수 이상으로 가족을 거느리면 부정부패를 저지를 수가 있었기 때문에 벌을 받게 되어 있었다.

이순신 역시 이러한 비난의 목소를 듣게 되는데 이에 대해 "차라리 내가 식구들 때문에 벼슬을 할 수 없더라도 이 의지할 곳 없는 조카들을 어찌 돌보지 않고 내버려 둘 수 있는가?" 라고 말하며 가족들에 대한 사랑과 배려를 보여 주었다. 그러나 이순신은 24명의 식솔을 먹여 살리기 위해 나쁜 돈을 받거나 부정한 일을 하지 않았다.

이순신의 《난중일기》를 보면 이순신이 자신의 가족을 사랑하는 마음이 애틋함을 엿볼 수 있는 구절들이 자주 나타난다.

1593년 5월 4일, 맑다.

오늘이 곧 어머니 생신날이건만 적을 토벌하는 일 때문에 가서 생일 축하의 잔을 올리지 못하니, 평생 한이 되겠다…….

1594년 6월 15일, 맑더니 오후에 비가 내렸다.

신경황이 영의정 유성룡의 편지를 가지고 들어왔다. 나라를 근심함이 이보다 더한 이가 없을 것이다. 지사 윤우신이 죽었다니, 애석할 따름이다.

-중략-

아내의 편지에는 면이 더위를 먹어 심하게 앓았다고 했다. 괴롭고 답답하다.

1594년 1월 11일, 흐리되 비는 오지 않았다.

아침에 어머니를 보려고 배를 타고 바람 따라 바로 곰내*에 대었다. 남의길·윤사행·조카 분이 함께 가서, 어머니 앞에 가서 뵈니 어머니는 아직 주무시며 일어나지 않으셨다. 화가 나서 소리 내는 바람에 놀라 깨어 일어나셨다. 기력은 약하고 숨이 금방 넘어갈 듯 깔딱거려, 죽을 때가 가까워진 것 같아 감추는 눈물이 절로 내렸다. 말씀하시는 데는 착오가 없으셨다. 적을 토벌하는 일이 급하여 오래 머물 수가 없었다.

1594년 8월 27일, 맑다.

아침에 아들 울의 편지를 보니, 아내의 병이 위중하다고 했다. 그래서 아들 회를 내 보냈다.

1596년 1월 1일, 맑다.

밤 한 시쯤에 어머니 앞에 들어가 뵈었다. 저녁나절에 남양 아저씨와 신 사과司果:오위의 정6품의 군사 직이며 부사직의 다음 벼슬가 와서 이야기했다. 저녁에 어머니께 하직하고 본영으로 돌아왔다. 마음이 하도 어지러워 밤새도록 잠을 자지 못했다.

1596년 5월 16일, 맑다.

점심을 먹을 때 윤동구에게서 한양 관동_{서울시 종로구 연건동}의 숙모가 양주의 천천_{양주군 회천읍}으로 피난 갔다가 거기에서 작고하셨다는 말을 듣고 통곡함을 참지 못했다. 그러나 언제부터 세상사가 이토록 가혹한가! 장사 지내는 일은 누가 맡아서 지내는지! 대진이 먼저 세상을 떠났다는 말을 들으니, 더욱 애통하다.

이순신이 자신의《난중일기》에 적은 구절들을 보면 가족에 대한 애틋한 애정과 배려가 하늘을 찌를 듯이 높은 것을 알 수 있다. 인간 이순신은 어머니의 건강과 아내와 자식들의 문제에 고민하는 전형적인 아버지의 모습이다. 이처럼 자상한 성격을 가진 이순신이 전쟁터에서 지휘를 제대로 할 수 있을까 하고 가히 의심스러워진다. 그러나 이순신은 전쟁에 임해서는 가족의 일로 한 번도 흐트러짐이 없이 본연의 임무를 수행하였다. 이러한 이순신의 인간됨됨이에 장병들이나 백성들은 감탄하지 않을 수 없었다.

이순신이《난중일기》에 나타난 가족들을 생각하는 마음은 가족에 대한 사랑의 증거였다.

옛말에 '수신제가치국평천하' 修身齊家治國平天下라는 말이 있다. "자신의 몸과 마음을 바르게 한 사람만이 가정을 다스릴 수 있고, 가정을 다스릴 수 있는 자만이 나라를 다스릴 수 있으며, 나라를 다스릴 수 있는 자만이 천하를 평화롭게 다스릴 수 있다."라는 뜻이다. 이순신도 먼저 가정이 평안해야 나랏일을 마음 놓고 할 수 있었다. 그렇기 때문에 더욱 가족을 위한 생각을 많이 했을 것이다. 어머니를 모셔와 인근 부하의 집에 모셔서 함께 산 이유도 이순신이 궁극적으로는 나랏일을 잘하기 위한 길이었다.

04 적을 알아야 한다

《손자병법》에 보면 '지피지기 백전불태' 知彼知己百戰不殆라는 말이 있다.

"적을 알고 나를 알면 모든 전쟁에서 위태하지 않다."

지피지기 백전불태란 상대를 알고 나를 알면 백 번 싸워도 위태롭지 않다는 뜻으로, 상대편과 나의 약점과 강점을 충분히 알고 승산이 있을 때 싸움에 임하면 이길 수 있다는 뜻이다. 이순신은 불가피한 경우가 아니라면 무모한 공격을 하지 않았다. 왜군은 오랜 내전에서 풍부한 전쟁 경험을 가지고 있었고, 전선의 규모만으로도 조선 수군은 상대가 되지 않았기 때문이다.

이순신은 총 9차의 출전을 통해 23번의 해전을 치루어 세계 어느 해전사에도 없는 23전 23승을 기록한다. 전투를 하기 위해서는 적에 대한 철저한 연구로 적의 장점과 단점을 충분히 분석하였다. 그리고 지형과 조류 등을 최대한 활용해 피해를 최소로 줄이는 승리를 하려고 하였다.

23전 전승을 하면서 이순신은 철저한 정보전을 펼치게 된다. 이순신은 우리 해군의 전력을 누구보다도 잘 파악하고 있었다. 왜군에 비해 수적으로 약한 조선 수군이 전면전을 펼쳐서는 승리할 수 없음을 알고 있었기에 철저한 작전 준비를 하고서 해전을 치렀다.

적의 형편이나 지형 따위를 정찰하고 탐색하는 배를 보내어 왜군 전선의 정박지와 형태를 조사하고 조수, 자연환경 등을 고려한 해전을 준비했다. 이순신은 육지와 떨어진 먼바다에서 결코 전투를 벌이지 않았는데 먼바다로 나가 전투를 할 경우 전면전 양상이 될 뿐 아니라 해안을 이용한 작전을 펼 수 없기 때문이었다. 즉 전력이 약한 조선 수군이 적절하게 함선을 숨기고 공격을 감행할 수 있는 근해에서만 전투했다. 이것은 우리 조선 수군이 사용해야 할 장점을 완벽하게 활용한 것이고 원정 나온 왜군이 가지고 있는 정보의 한계점과 약점을 완벽하게 활용한 전투였다. 또한, 해전 초기에 승기를 잡기 위해 이순신은 많은 지혜를 발휘하였다.

적장의 목을 베어 배 위에 걸어 놓음으로써 아군의 사기를 올리는 반면 왜군의 사기를 일시에 꺾게 하였다. 또한, 수적으로 열세였기 때문에 초기의 전투 준비가 분위기를 잡기 위해 전투가 제대로 되어 있지 않은 왜군을 상대로 기습전을 많이 사용하였다.

왜군의 장점은 접근하여 육박전을 하는 것이었다. 왜군이 사용하는 빠른 전선을 이용하여 아군의 판옥선에 접근하여 육박전이 일어난다면 조선 수군은 상당히 불리한 싸움을 할 수밖에 없었다. 또한, 왜군이 사용하는 조총은 화살보다 강력한 살상 효과가 있었으나 유효거리가 100미터가 채 되지 않았다. 그렇기 때문에 이순신은 접근전을 벌이기 전에 왜군의 조총 사거리가 미치지 못하는 거리에서 대포로 왜군에게 공포감을 주었다.

왜군들은 먼 거리에서 대포로 사격을 하는 조선의 함선 때문에 사기가 꺾이고 전선의 대열이 혼란에 빠졌다. 이럴 때 이순신은 함선들을 몰고 돌격하여 승리를 이끌어 내는 전법을 구사했다.

이순신은 해전을 승리할 수 있는 다양한 핵심 성공 요인을 잘 알고 있었다. 고도의 심리전을 이용하여 초기 조선 수군의 전투의지를 고양시켰으며, 왜군의 대장이 탄 배를 집중 공격하여 초기에 적의 사기를 꺾었다. 이순신은 이길 가능성이 있는 전투를 치밀한 전략과 철저한 준비를 통해 반드시 승리로 이끌어 갔다. 결코, 무모한 공격을 통해 기적적인 승리를 이끌었던 것이 아니다. 또한, 무리한 공격을 절대 삼감으로써 불필요한 소모전을 최소화하였다.

이순신은 철저한 분석과 정보 수집을 통해 조선 수군의 강점과 약점을 잘 알고 있었고, 왜군의 강점과 약점도 잘 파악하고 있었다.

승기를 잡았기 때문에 과욕을 부리면 왜군의 본영인 규슈의 나고야까지 가서 전쟁을 치를 수도 있지만 이순신은 절대로 과욕을 부리지 아니했다. 군사전략에 대해 무지한 선조와 조정의 대신들이 일본군의 본영을 공격하라는 무리한 요구를 했을 때에도 이순신은 거부했다. 이순신은 당시 조선 수군의 전력상 일본군의 본진을 이길 수 없다고 판단했던 것이다. 이순신은 아군이 알고 있는 모든 정보를 최대한 활용하고, 적이 두려워하는 심리를 최대한 활용함으로써 23전 전승의 대기록을 만든 것이다.

　이순신은 전쟁을 하기 전에 해안 지형, 조수의 흐름, 자연환경을 충분히 조사하였다. 그리고 이를 알고 있는 인재를 확보하여 전투에서 최대한 활용하기 위해 노력했다. 한편 왜군은 조선의 해안 지형, 조수의 흐름 등 자연환경에 대해 익숙하지 않았으며 이로 인해 많은 위협을 당하였다. 이순신은 조선 수군의 장점과 일본 수군의 약점을 제대로 찾아 정확하게 활용하였다.

05 적의 약점을 찾아라

임진왜란에 참전한 왜군은 총 28만 6,000여 명으로서 제1군부터 16군까지 나누었다. 이 가운데 1차로 1군부터 9군까지 15만 8,000여 명을 총사령관 우키다 히데이에가 이끌고 침략을 감행하게 된다. 이중 8군의 1만여 명은 대마도에, 9군 1만 1,000여 명은 이키시마에 대기하고 있다가 뒤따르게 하였다.

한편 나머지 10군부터 16군까지의 11만 8,000여 명은 규슈의 나고야에 대기하도록 하였다. 그러나 왜군 중에서 수군은 9,000여 명에 지나지 않았다. 이처럼 일본 수군이 적었던 이유는 당시 일본군은 육군과 수군의 구분이 정확하지 않았다는 것과 수군의 역할이 물자 수송에 치중되어 있었다는 점이다.

일본은 육군을 주력 부대로 하여 조선을 초토화시킬 생각이었으므로 수군의 역할에 크게 의미를 두지 않았다. 단지 육군을 돕는 역할로서 병참선과 수송의 역할을 해준 것으로 족하게 생각했던 것이다. 그렇기 때문에 일본 수군은 일본 군사들을 부산포에 내려놓고 남해안 여러 곳에 정박하여 조선 백성을 유린하는 짓을 하게 된다.

이러한 점을 잘 알고 있었던 이순신은 조선 수군이 왜군의 수군을 패배시키면 반드시 임진왜란은 승리할 수 있음에 확신을 가지고 있었다. 왜군의 수군을 완전히 패배시킨다는 것은 보급로를 차단하고 일본 본국과 조선 원정군과의 연결을 끊는다는 것을 의미한다. 이순신은 이를 통해 왜군을 혼란에 빠지게 함으로써 전투력을 상실하게 될 것이라고 믿고 있었다. 이러한 이유로 선조가 해전을 포기하고 육전으로 응하라고 했을 때도 이순신은 해전만이 나라를 구할 수 있는 방법이라고 장계를 올렸다.

이순신은 조선 육군의 상태를 잘 알고 있었고, 물밀 듯이 조선을 점령하고 있는 일본 육군에 대해서도 정확히 알고 있었다. 만약 이순신이 해전을 포기하고 육전에 가담했다면 일본 육군의 조총에 제대로 싸워보지도 못하고 당할 것이라는 것도 알았다. 일본 육군은 이미 100년간의 일본 내전을 통해 전투력도 매우 강성해졌고 전투에 대해서는 누구보다도 자신감을 가지고 있었다.

일본 육군의 상황을 이순신은 잘 파악하고 있었기에 육전에서 조선이 승리할 수 있는 확률이 매우 희박하다는 것을 알고 있었다. 그렇기 때문에 죽을 때까지 해전이 전쟁 승리의 해답이라고 생각했던 것이다. 이러한 이순신의 지혜는 오랜 기간 왜군에 대해 파악한 결과였다.

　이순신은 육군과 수군의 약점과 강점을 잘 알고 있었다. 그는 함경도 변방에서 여진족과 싸웠고, 한양의 훈련원에서 근무했으며, 왜란이 일어나기 전에 전라좌수사로 부임하였다. 그래서 이순신은 조선 육군의 장단점과 수군의 장단점을 잘 알고 있었다.

　이순신이 판단하기에 조선을 구할 방법은 해전이었던 것이다. 해전에서 결판을 지어야 조선을 구할 수 있었던 것이다. 이러한 이순신의 판단과 지휘로 조선은 전쟁의 주도권을 빼앗아 왔고 임진왜란을 승리로 이끌 수 있는 계기를 마련하였다.

　32세의 적지 않은 나이에 공직에 나간 이순신이었지만, 그는 조선의 전반적인 군사 체계와 그 장단점을 정확하게 파악하고 있었다. 그러한 지혜로부터 이순신은 오직 나라를 구할 수 있는 방법은 해전밖에 없다는 것을 잘 알고 있었다.

06 빨라야 한다

이순신은 승리의 비결 중에 하나는 바로 '속도전'이었다. 당시 이순신이 본영으로 있었던 여수를 떠나 해전을 벌였던 지역으로 가는 길은 뱃길로 반나절에서 한나절 걸리는 거리였다.

이순신이 왜군과 전투를 할 때에는 빠르게 이동하여 전투를 벌이고 다시 여수 본영으로 돌아오는 전투 방법을 택했다. 전투의 전진기지를 한산도로 옮겼을 때에도 같은 방법으로 왜군과 전투를 하였다. 이러한 전투 방법은 왜군의 전력이 조선 수군보다 월등히 많고 강했기 때문에 취할 수 있었던 최선의 전투 방법이었다.

전라도와 경상도의 지리 조건과 조수의 흐름 등 자연조건을 완벽하게 파악하고 있는 조선 수군에게 있어서 속도전은 전투에서 우위를 점유할 수 있는 가장 효과적인 방법이었다. 왜군은 지형을 잘 알고 있는 조선 수군이 어디에서 어떻게 나타날지 모르고 있었으며, 이순신은 이러한 점을 십분 발휘하여 전투를 치렀다. 왜군이 만에 정박해 있으면 만을 가로막고 화포를 이용하여 적을 섬멸하였고, 적후병을 먼저 보내 적의 동태를 파악한 후에 빠르게 공격하고 본영으로 빠지는 방법을 취했다.

왜군들은 일본 내부의 분열을 통합한 이후 급조된 군대였다. 그렇기 때문에 지휘 계통에 여러 가지 문제를 가지고 있었다. 부산포에 도착한 일본 함대가 20~30개 규모로 나누어서 해안에서 독자적으로 활동을 많이 했던 것을 보더라도 그 지휘 체계의 허술함을 알 수 있다. 그러나 대규모로 움직이는 일본 함선은 그 숫자 면에서 대단한 규모였다. 그러나 왜군의 배는 조선의 배보다 치명적인 결함을 가지고 있었다.

왜군의 함선은 배의 바닥이 뾰족하고 판자의 연결에 쇠못을 사용한 안택선安宅船이고, 조선군의 함선은 배의 바닥이 둥글고 나무못을 사용한 판옥선이다. 판옥선의 크기는 일본군의 가장 큰 배인 안택선보다 컸다.

왜군의 안택선은 바닥이 뾰족하여 물에 잠기는 부분이 많아 회전이 어려웠고, 쇠못은 녹이 슬어 부식되는 결과를 가져와 충격에 약해 쉽게 파손되었다. 반면에 조선의 판옥선은 바닥이 넓어 물에 잠기는 부분이 적어 회전이 쉬웠으며, 나무못으로 되어 있어 물에 젖으면 더욱 강해졌다.

따라서 조선 수군은 포격전만으로도 안택선을 쉽게 파괴할 수 있었으며, 불가피한 경우 충격 전술로 왜군의 배를 부서뜨리는 당파撞破전법을 자주 구사했던 것도 이러한 배의 특성 덕분이었다.

화포는 임진왜란 전체를 통틀어 가장 효과 좋은 조선군의 무기였다. 다양한 종류와 구경의 화포를 사용하였으며, 오늘날 다연장포에 비교할 수 있는 신기전, 박격포에 해당할 비격진천뢰, 대형 로켓 병기라 할 만한 대장군전 등 신무기도 많이 사용되었다. 반면 일본군은 화포 주조 능력이 없었으며, 그나마 있는 화포도 갑판 바닥에 고정해서 사용하지 않고 상부 구조물에 매달아 사용했다. 배가 약해서 포의 반동을 견뎌낼 수 없었던 것이다. 공중에 줄로 주렁주렁 매달린 화포는 그 위력을 제대로 발휘할 수 없었던 것이다.

왜선은 속도만 따진다면 조선 수군의 판옥선보다 월등하게 앞서기 때문에 추격전에서는 조선 수군의 판옥선이 불리했다. 이순신은 이러한 왜군 내부의 문제까지도 잘 알고 있었기에 대규모 전투보다는 신속하게 전투를 하고 빠지는 속도전을 주로 사용했던 것이다. 이러한 불리한 점을 극복한 것이 장거리에서도 적에게 치명타를 줄 수 있는 장거리 대형 총통을 이용한 공격이었다. 속도전이 가능했던 것은 바로 천자·지자·현자·황자 총통 등 대형 총통 무기를 발전시켜 장거리에서도 적을 섬멸시킬 수 있는 전투 방법을 선택한 것이다. 초기에 왜군에게 치명타를 입혀 적의 기선을 제압하는 대형 총통은 이순신이 전라좌수사로 있으면서 개량한 것이었다.

또한, 전투를 할 때에는 시간 낭비를 하지 않도록 2시간 내외로 전투를 수행함으로써 속전속결로 전투를 치렀다. 당시의 배는 수군들이 배를 노를 저어서 앞으로 나아가야 하며, 배 위에서 대포를 쏘거나 화살을 날리는 전투를 하였다. 따라서 오랜 시간을 이동하거나 전투가 길어지면 병사들의 체력은 급격하게 떨어지게 된다. 따라서 이순신은 불필요한 시간과 힘을 낭비하기 않기 위해 빠르게 공격하였다. 전투 시간이 길어지면 병사들이 지치게 되고 아군의 피해도 많아지기 때문이었다.

이순신의 전투 방법은 정확한 정보로 바탕으로 공격 방법을 계획하고 속전속결로 적을 공격한 후에 다시 본영으로 돌아오는 방법을 선택했다. 전투를 치르고 돌아온 후에는 반드시 병사들을 쉬게 하여 힘을 보충하도록 배려하였다. 그래서 이순신은 왜군과 전투할 때 최소의 시간으로 최대의 효과를 얻을 수 있도록 공격 작전을 세운 것이다.

이순신이 전투를 벌였던 시기에는 일부러 시간을 내서 휴식할 수 있는 여유가 없었다. 싸움에 임해서는 전투를 수행하고 전투 후에는 다음 전투를 위한 준비와 정리를 해야만 했다. 그리고 농번기가 되면 농사도 지어야 했기 때문에 군사들이 휴식할 시간이 충분하지 못했다.

> **Tip**
>
> 왜군과 조선 수군 전체가 광활한 바다에서 전면전을 했다면 수적인 열세로 말미암아 패배를 맛보았을 것이다. 일본 수군은 15만 8,000여 명이 1차로 침략을 했으며 일본에는 11만여 명이 다음 전쟁을 대기하고 있었다. 이러한 거대 함대를 이길 수 있는 방법은 적을 나누어서 지형지물과 자연환경을 이용한 게릴라식 전투뿐이었다. 빠르게 공격하고 다시 물러나 어디에서 어떻게 공격할지를 모르게 하는 이 속도전이 적을 완벽하게 패배시킨 것이다.

07 포기하지 마라

이순신의 일생에서 배워야 할 것은 바로 절대 포기하지 않는다는 것이다. 이순신은 하는 일을 중간에 그만둔다는 것은 꿈에서조차 생각해 본 적이 없다. 이순신의 삶은 말로 표현할 수 없을 정도로 힘들고 고통의 과정이었다. 그러나 그가 포기하지 않고, 어려운 환경과 상황을 이겨낼 수 있었던 것은 위태로운 조선을 구하고자 하는 일념 때문이었다.

이순신은 남들과 타협하지 않았기 때문에 매우 외로운 분이었다. 이순신은 당쟁으로 분열된 시대의 한가운데 태어나, 늦은 나이로 관직에 나갔다. 그는 북방을 수시로 위협하던 여진족에 맞서고, 권력욕과 부패로 얼룩진 정치권에 의하여 희생을 당하였다. 관직에 올랐어도 언제나 한직에 있거나 좌천되기 일쑤였다.

　이순신은 관직에 있는 23년 동안 3번의 파직을 당하고, 1번의 사형선고를 받았으며, 2번의 백의종군을 겪는 수모와 고통을 당하면서도 자신의 꿈과 희망을 지켜냈다. 평범한 사람들 같으면 그 정도의 고난이면 좌절하거나 포기하였겠지만, 이순신은 아무리 절박한 상황이라 해도 희망을 버리지 않았다. 언젠가는 좋은 세상이 올 것이라는 희망으로 아무런 불평도 하지 않았다.

　이순신은 자신의 전쟁을 이겨서 공을 많이 세웠음에도 불구하고 자신을 알아주지 않는 선조에 대한 불만이 많았을 것이며, 자신을 죽이려고 한 조선이 미웠을 것이다. 그러나 그는 개인적인 감정보다는 조국의 미래가 더욱 걱정이 되었던 것이다.

　이순신은 권력에 비겁하지 않는 용기와, 스스로 옳다고 믿는 신념을 가지고 맡은 일에 최선을 다하고, 자신을 모함하는 소리에도 의지를 굽히지 않고 오직 자신의 길을 걸었다.

　삼도수군통제사가 되었을 때 부산 앞바다를 공격하라는 선조의 명령을 어겼다는 이유로 이순신은 압송되어서 모진 고문을 받았으며, 사형선고까지 받게 되었다. 그러나 이순신은 절망하지 않았다. 오직 자신이 두고 온 부하와 백성들이 걱정스러웠을 뿐이었다.

　백의종군과 함께 어머니가 돌아가셨다는 소식을 듣고도 전쟁터로 향하는 이순신은 마음이 아팠다. 당시 조정 권력 앞에 힘없이 당하는 자신의 모습이 한마디로 절망적이었지만 그는 아무런 표현을 하지 않았다. 임지에 도착했을 때도 도저히 전쟁을 치르기에는 불가능하리만큼 무기와 전선이 턱없이 부족했지만 좌절하지 않았다.

　더 큰 문제는 싸움에 진 부하들의 사기가 패배감으로 절망적이었다. 백성들은 공포에 싸여 도망만 가려고 하였다. 그러나 이순신은 좌절하지 않고 승리하고야 말겠다는 강한 신념을 가지고 패배감에 싸여있던 부하들과 백성들에게 희망을 심어 주었다. 절망밖에 없던 부하들과 백성들에게 이순신은 희망이 되었던 것이다.

08 용기를 가져라

자신 있게 사는 사람은 자신의 인생을 바꿀 수 있지만, 용감한 사람은 세상을 바꾼다. 세상은 마젤란이나 콜럼버스처럼 용기 있는 사람들에 의하여 변화가 이루어져 왔고 역사가 발달하였다. 용기 있는 사람들에 의하여 신대륙이 발견되었고 험난한 오지의 지도가 만들어졌다. 또한, 에디슨이나 라이트 형제처럼 새로운 것을 만들려는 과학자들에 의하여 우리의 삶을 지배하는 전구나 비행기가 탄생하게 되었으며, 스티브 잡스에 의해서 스마트폰이라는 문명의 이기가 나왔다.

평범한 사람들은 길을 가되 잘 닦여진 길로 가고자 한다. 잘 닦여진 길은 가는 것은 편안함을 주지만 발전이 없다. 그러나 용기 있는 사람들은 아무도 가지 않았던 길을 향해서 간다. 용기 있는 사람들이 길을 만들었기 때문에 평범한 사람들이 편안하게 길을 갈 수 있다. 그래서 용기 있는 사람들은 평범한 사람들과 다르다는 이유로 비난이나 시샘을 받기도 한다. 용감한 사람들에게 주변의 비난이나 시샘은 항상 그림자처럼 따라다닌다.

역사 속에는 남들이 가지 않는 길을 용감하게 가서 세상을 변화시키고 자신의 이름을 남긴 사람들이 많다. 그중에서도 우리 나라를 위기에서 구하고, 세계 전사에 길이 이름을 남긴 이순신은 가장 용감한 사람이라고 할 수 있다.

조선은 임진왜란이 일어난 지 20일이 지나도록 계속 전쟁에 지고 있었다. 당시 조선 백성들은 일본에게 완전히 점령당하는 것으로 알았기에 일본을 막아내는 것은 불가능하다고 생각하여 모든 것을 버리고 도망가기 바빴다.

그때 이순신은 옥포해전에서 최초의 승리를 선물하여 백성들에게 우리도 이길 수 있다는 희망을 주었다. 그뿐만 아니라 조총으로 무장한 강력한 왜군을 본국으로 돌아갈 수밖에 없게 만들어 조선을 구하였다.

이순신은 언젠가 일본이 침략할 것이라고 예견하고 있었기에 전라좌수영에서 거북선을 만들고, 무기와 군사를 정비하였다. 그러나 조정에서는 일본의 침략을 준비하기보다는 당파로 나누어 서로를 헐뜯고 모략하는 일에만 관심을 가졌다. 그러기에 전쟁을 준비하는 이순신의 모습은 한낱 비웃음거리에 불과할 뿐이었다. 하다못해 그의 부하들도 이순신의 행동에 대하여 비아냥거렸다. 이순신도 인간이었기에 사람들의 비난에 대하여 마음이 아팠던 흔적들이 《난중일기》를 통해서 볼 수 있다. 그러나 이순신은 고통이 클수록 자신의 예상을 믿었으며, 어떠한 비난에도 굴하지 않고 일본이 침략하는 날만을 기다리며 전쟁을 준비하였다.

마침내 임진왜란이 일어나자 이순신을 비웃던 사람들은 도망가기 바빴지만, 이순신은 철저히 준비해 왔기 때문에 왜군을 이길 자신이 있었다. 이순신이 위대한 것은 일본을 이겨낸 것도 중요하지만, 주변의 질타에도 용감하게 목표를 달성하기 위하여 노력했다는 것이다.

이순신이 당시의 다른 장수들과 같이 전쟁에서 도망을 가거나 졌다면 이순신은 역사에 이름을 남기지 못했을 것이다. 또한, 임진왜란이라는 전쟁이 없었다면 이순신도 없었을 것이다. 그러나 이순신은 용기 있는 사람이었기 때문에 철저한 전쟁 준비를 하였고, 전쟁에서 완전하게 이겼다. 왜군의 침략은 남들에게 위기였지만 이순신에게는 오히려 기회였던 것이다.

　용기 있는 사람과 똑똑한 사람은 분명히 다르다. 똑똑한 사람은 자신이 원하는 것을 얻기 위해 노력하지만, 용기 있는 사람은 세상을 위해서 도전하고 결국은 세상을 변화시킨다. 우리도 이순신처럼 용기 있는 사람이 되자.

09 솔선수범하라

이순신은 무과에 급제하여 관직을 시작한 이후 죽을 때까지 살신성인했다. 그리고 정직하게 살았으며 나라와 백성을 위해 몸과 마음을 바쳤다.

그럼에도 불구하고 이순신의 마음을 이해하고 있는 사람은 드물었다. 유성룡과 같은 사람은 이순신의 나라를 사랑하는 마음을 이해했지만, 대부분의 조정 관리들은 당파 싸움에 빠져 이순신의 생각에 대해서는 관심이 없었다.

오히려 당파 싸움에 빠진 자들은 권력을 잡기 위해 이순신을 모함하기까지 하였다. 심지어 조선의 조정은 이순신이 순수한 마음으로 나라를 지키려고 했지만, 이순신의 행동과 전투에 대해 의심의 눈으로 바라보고 있었다.

그러나 이순신의 부하들은 이순신을 전적으로 믿고 따랐다. 이순신에 대한 부하들의 신뢰는 이순신의 솔선수범에서 시작되었다.

임진왜란 중에 이순신은 매일 밤 허리끈을 풀지 않고 잠을 잤다. 항상 전쟁을 치를 준비를 하였던 것이다. 잠도 하루에 서너 시간 밖에는 자지 않았다. 게다가 식사는 아침과 저녁만 먹었다. 이를 본 사람들은 "일은 많은데 식사가 적다."라고 크게 걱정했다.

이순신이 삼도수군통제사가 되어 부임했을 때도 그는 병사들과 똑같이 식사를 하고 그들과 격의 없이 같은 잠자리에서 잠을 잤다. 병사들이 훈련을 하면 언제나 이순신은 거기에 함께 있었다. 이러한 부하들에 대한 사랑과 배려가 그에 대한 신뢰를 형성하게 한 것이다.

이순신은 매월 초하루와 보름날이 되면 반드시 왕이 있는 한양을 향하여 예를 갖추어 인사를 하고 업무를 시작하였다. 임금에 대한 그의 존경을 표했고 이는 부하 장수와 병졸들에게 귀감이 되었다. 자신을 죽이려고 했던 선조에 대한 충성심을 변하지 않았다.

이순신은 아무리 바빠도 활쏘기를 게을리하지 않았다. 오히려 기회가 있을 때마다 병사들에게 활쏘기를 권하고 함께 활쏘기를 하여 실력을 길렀다. 활쏘기를 마치면 술을 나누어 마시며 피로를 풀고 이야기를 나누었다.

이순신은 그렇게 부하 병사들과 함께함으로써 서로 간의 신뢰를 쌓았다. 장군이라고 하여 남들보다 좋은 것을 먹지 않았으며, 좋은 것을 입지 않았고, 훈련을 게을리하지 않았다.

이순신이 스스로를 높여서 부하들보다 위에 있다고 생각했다면 그러한 신뢰는 형성되지 못했다. 이순신은 부하들을 진심으로 사랑하고 모범을 보임으로써 진정한 신뢰를 만들었다.

더욱이 부하가 죽으면 친히 아들을 잃은 듯 슬퍼하며 장사를 지내주니 병사들은 이러한 이순신을 형이나 부모처럼 믿고 따랐다.

Tip

이순신은 이처럼 부하들의 믿음을 바탕으로 23전 23승을 이룩할 수 있었다. 부하들과 장수는 이순신의 명령에 한 치의 오차도 없이 따랐기 때문에 가능한 일이었다. 이순신이 전투를 할 때마다 모든 병사들은 자신의 목숨을 생각하지 않고 전투에 참가 했다. 목숨이 위태로운 전쟁터에서 장수를 믿고 따른다는 것은 그만큼 이순신에 대한 신뢰감이 높았기 때문이다.

10 엄격하지만 따뜻한 마음을 가져라

이순신의 군율은 엄했지만 인자한 아버지처럼 부하들을 사랑했다. 전투 중에는 군 전체가 하나가 되어 적과 싸워야 했기 때문에 그 누구보다도 엄하게 군율을 적용하였다. 그러나 군사와 백성이 힘들고 아파할 때는 아버지의 모습으로 다가가 위로하고 사랑으로 보듬어 주었다.

이순신이 공직에 나간 시기에 조정에서는 당파 싸움으로 나라는 위태로웠고, 군사들은 긴장이 풀려 마음이 나태했다. 이순신은 기강이 해이해진 군사들에게 엄한 군율을 적용하여 강한 군대로 변모시켰다.

1592년 1월 16일자《난중일기》에는 "동헌에 나가 일을 보는데 관청의 벼슬아치들이 인사를 하러 왔다. 군선을 관리하는 군관과 아전들이 배를 수리하지 않아 곤장으로 다스렸다."라고 썼다. 또한, 지역에 거주하면서 군인이 된 박몽세가 이웃집 개에게 피해를 끼쳐 곤장 80대로 다스렸음을 이순신은 적고 있다. 그뿐만 아니라 전투를 위한 장비에 소홀함이 있는 관리들에게는 엄히 문책하고 벌을 주는 일을 쉬지 않았다. 이처럼 이순신은 군대를 관리하는 일에 있어 군율을 엄히 적용하여 군기를 세우고자 하였다.

《난중일기》에 적힌 기록을 보면, 부하가 잘못을 저지르면 가차 없이 엄한 군율을 적용했고, 엄격한 군율 적용을 위해 부하의 잘못을 상부에 빠짐없이 보고했다. 그리고 이순신에게 곤장을 맞은 자가 부지기수였고, 목을 베인 자도 많았다. 자신의 부하의 잘못을 상부에 보고하는 것은 자신이 지휘관으로서 부족하다는 것을 인정하는 것이기에 보통 사람들은 하지 못하는 일인데도 이순신은 남들과 달랐다.

이순신에게 가장 중요한 것은 체면이 아니라 군인들의 군기 확립과 전투력을 높이는 것뿐이다. 특히 전투에 들어가 공격 명령에 후퇴를 하거나 머뭇거리는 부하에게는 군율을 엄하게 적용하였다. 이순신의 엄격한 군율은 부하들로 하여금 전투에 들어가 죽을 힘을 다해 싸우게 하는 힘이 된 것이다.

그러나 이순신이 군율만을 엄격하게 적용하는 차가운 사람은 아니었다. 군기를 세우기 위해 도망한 병사들의 목을 베었지만, 그의 가족은 따뜻하게 돌봐주었다. 자신의 처소로 찾아온 병사의 이야기를 듣고 입고 있던 자신의 옷도 벗어 주었다.

이순신은 견내량해전에서는 다 이겼음에도 불구하고 왜군의 군선을 그대로 살려 보내게 했다. 왜군의 전선을 끝까지 밀어붙이면 죽기 살기로 공격해서 자신의 부하들이 죽을 수도 있었기 때문이다. 또한, 패잔병들이 육지로 상륙하면 백성을 죽일까 염려하여 도망갈 수 있는 길을 열어주기도 하였다. 이순신에게 승리도 중요했지만 부하와 백성의 안전도 중요했기 때문이다. 이순신이 보여준 군율의 엄격함과 부모와 같은 자상함은 현대를 살아가는 리더들에게도 필요한 조직 관리 방법이다. 이순신은 부하들이 전투에 나아가 최선을 다해 싸우고 승리하기 위해서 군율의 엄격함을 보여주었으며, 인간적이고 자상한 모습을 함께 보여줌으로써 믿고 신뢰할 수 있는 두 가지 요소를 모두 보여주었다. 이러한 이순신의 엄격함과 자상함의 두 가지 모습은 부하들로 하여금 이순신을 더욱 신뢰하게 만들었다.

　이순신은 평소에는 부하들에겐 더없이 따뜻한 부모 같았고, 전투 중에 후퇴하는 부하에겐 가차 없이 엄한 벌을 내렸다. 일관되게 '자상함'으로만 군을 통솔할 수 없을뿐더러, 엄격한 군율로만 부하를 다스릴 수 없음을 이순신은 누구도보다 잘 알고 있었다. 이순신이 맺고 끊는 것을 확실하게 보여주었을 때 오히려 많은 부하들이 그를 믿고 따랐다.

11 신념을 가져라

이순신은 누구보다도 승리에 대한 신념이 강했다. 이순신의 첫 해전에 임하여 조정에 보낸 장계를 보면 그의 승리에 대한 신념을 엿볼 수 있다.

"바라건대 한번 죽음으로써 기약하고 즉시 범의 소굴을 바로 두들겨 기운을 쓸어버리고 나라의 부끄러움을 만분의 일이나마 씻으려 하거니와 성공과 실패, 날래고 둔한 것에 대해서는 신이 미리 헤아릴 바가 아닌 가 봅니다."

해전에 임하여 이순신은 진다는 것을 생각조차 하지 않았다. 이러한 이순신의 신념이 23전 23승을 거두는 힘이 된 것은 두말할 나위가 없다.

이순신은 반드시 승리하겠다는 신념이 누구보다도 강했는데,

이는 왜군이 부산 앞바다에 나타났을 때 제대로 싸우지도 않고 도망간 장군들과는 비교가 된다. 이순신의 보고에서 보듯이 이순신은 승리에 대한 자신감과 이 나라를 왜군으로부터 지켜야 한다는 강한 신념이 강했기에 가능한 일이었다.

《조선실록》에 따르면 이순신은 지병이던 위장병과 협심증, 역모로 몰려 벌을 받던 중 생긴 각혈증 등 많은 병이 있었다고 한다. 밤마다 심신이 괴로워했음을 《난중일기》를 통해 알 수 있다. 그럼에도 불구하고 이순신은 새벽 서너 시에 일어나 어김없이 병서를 보고 전술을 연구했다. 거북선의 제조도 진두지휘했다. 도대체 이런 이순신에게 어떤 신념이 있었기에 아픔 속에서도 다시 왜군을 향해 활을 쏘고 검을 들게 하였을까? 이러한 그의 마음을 이순신의 칼에 새겨진 문구에서 조금이라도 엿볼 수 있다.

석 자의 칼로 하늘에 맹세하니 산하가 떨고
한번 휘둘러 쓸어 버리니 피가 강산을 물들인다.
삼척서천산하동색 三尺誓天山河動色
일휘소탕혈염산하 一揮掃蕩血染山河

이순신은 오직 왜적을 물리치고 나라를 구해야 한다는 하나의 신념 이외에는 없었다. 나라를 구하고 백성을 살리는 것 외에는 관심이 없었다. 이 신념이 아픈 몸을 이기고 자신을 비난하는 세상과 싸워이길 수 있는 힘이 되었다. 전쟁에서 전투력보다 중요한 것은 이긴다는 신념이다. 이순신은 신념을 가지고 있었기에 병사들의 두려운 생각을 '우리도 이길 수 있다' 는 긍정적이고 적극적인 생각으로 바꾸었다.

> **Tip**
>
> 이순신은 오직 구국의 신념 이외에는 아무것도 없었다. 자신의 몸을 바쳐 나라를 위험에서 구할 수 있다면 이순신은 즉시 죽어도 여한이 없던 사람이다. 그의 신념이 조선을 구했고, 백성을 구한 것이다. 이처럼 신념은 사람의 목숨과도 바꿀 수 있고, 사람이 살아가는 근본적인 힘이 된다.

12 항상 기록하라

성공한 사람들의 공통점은 항상 기록한다는 것이다.

두뇌를 기억 창고로 사용하기보다 창의적인 일에 활용하는 사람이 성공한다. 그러려면 기억 창고를 대신할 것이 필요한데, 그것이 바로 기록인 것이다. 더불어 기록은 창의적인 일을 돕는 역할도 충실히 하는 비서다.

《조선왕조실록》은 국보 151호이다. 태조에서 철종에 이르는 400여 년의 역사를 담고 있는 1,893권 888책의 초대형 기록물이다. 그리고 보면 우리나라 사람들은 기록을 남기는데 일가견이 있는 민족이다. 지금은 일본인들이 메모 잘하고 기록을 잘 남긴다고 하지만 이《조선왕조실록》을 보면 일본인들의 메모 습관은 비길 바가 못 된다.

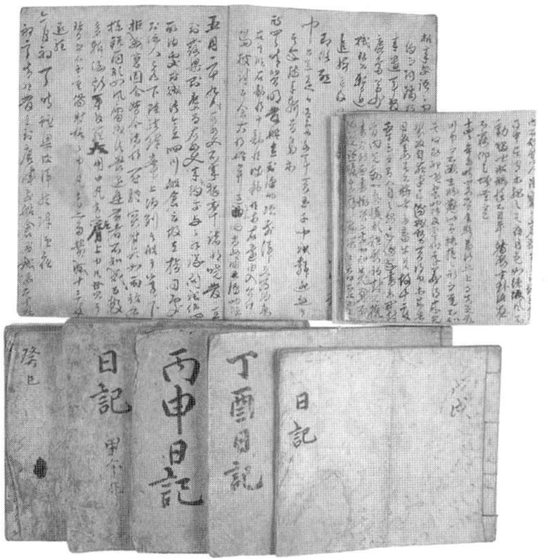

| 《난중일기》

이순신도 기록의 달인이었다. 《난중일기》는 이순신이 임진왜란 중에 쓴 7년간의 진중일기를 말한다. 《난중일기》에는 두 가지가 있는데, 그 하나는 이순신의 친필 초고본으로 충남 아산의 현충사에 보관되어 있고, 다른 하나는 《이충무공전서》가 있다. 본래 충무공은 단지 일기를 썼을 뿐 거기에 어떤 이름을 붙였던 것은 아니다. 정조 때에 이르러 《이충무공전서》를 편찬하면서 편의상 《난중일기》라는 이름을 붙여 권5에서 권8에 걸쳐 수록한 다음부터 그 이름으로 불리게 되었다.

《난중일기》의 내용은 국난을 극복해낸 자신의 엄격하고도 지적인 진중 생활을 평이한 문장으로 기록하고 있다. 특히 그 내용을 요약해 보면, 유비무환의 진중 생활, 인간 이순신의 적나라한 모습과 생각, 부하를 사랑하고 백성을 아끼는 마음, 부하에 대한 사심없는 상벌 원칙, 국정에 대한 솔직한 간언, 군사 행동에 있어서의 비밀 엄수, 전투 상황의 정확한 기록, 가족·친지·부하장졸·내외 요인들의 왕래, 정치·군사에 관한 서신 교환 등이 수록되어 있다.

이순신은 난리 중에 모든 일을 그의 일기에 기록했다. 짧게 글을 썼지만 거의 하루도 빼놓지 않고 기록으로 남겼다. 이순신에게는 위장병 등 지병이 있었으며 매일매일 나라 걱정과 백성에 대한 근심으로 제대로 잠을 이루지 못하고 있었다는 내용이《난중일기》에 적혀 있다. 이순신은 육체뿐 아니라 마음까지 피곤하고 힘들었지만 일기를 적으며 스스로 위로했다.

전라좌수사나 삼도수군통제사라는 직위는 때로는 어느 누구에게도 말하지 못할 고민과 어려움이 있었을 것이고 아픔이 있었을 것이다. 이러한 고민과 어려움을 그는 매일 밤 붓을 들어서 써 내려갔다.

하루는 왜군과의 전투를 쓰기도 하고, 하루는 전쟁의 준비를 쓰기도 하고, 하루는 가족의 안부를 적기도 했다. 결국, 이순신의 일기는 이순신 스스로에게 힘을 주고 그의 마음을 위로하고 있었다. 일기라도 쓰지 않으면 마음에 있던 고통과 역경을 이겨내지 못했을지도 모른다.

《난중일기》에는 조정의 당파 싸움도 없었고 나약한 왕에 대한 기록도 없다. 오직 나라를 지켜야 한다는 다짐을 써 내려갔다.

《난중일기》는 단순한 사건의 기록이 아니라 내일을 준비하고 나라의 앞날을 걱정하고 있다. 《난중일기》는 무려 2,539일간의 기록으로 이순신의 삶이고 위로였으며 조선의 미래를 담고 있다. 밤마다 일기를 통하여 힘을 얻었던 이순신은 조선을 지켜나가고 있었다.

1595년 을미년 정월 초하루의 일기를 보면 이순신의 마음을 읽을 수 있다.

"촛불을 밝히고 홀로 앉아 국사를 생각하니 나도 모르는 사이에 눈물이 난다. 여든의 병든 어머니를 생각하니 마음이 편치 않아 밤을 새웠다. 새벽에 여러 장수와 각급 군사들이 와서 새해 인사를 했다. (하략)."

만약에 《난중일기》가 없었다면 오늘날 이순신 장군에 대해서 이처럼 자세한 정보를 얻기 힘들었을 것이다. 이순신이 위대한 것

은 《난중일기》를 남겨서가 아니라 《난중일기》에 나와 있는 이순
신의 사람 됨됨이가 대단하기 때문이다.

이순신은 매일 호롱불 아래서 지필묵을 꺼내 자신과의 대화를
했다. 누구에게도 말하지 못하는 이야기를 자신에게 하고 있는 것
이다. 《난중일기》를 쓴다는 것은 신하로서, 자식으로서, 장수로서
다양한 역할에 대해 자기 자신과의 독백이었다. 그리고 일기를 쓰
면서 전쟁을 치루기 위해서 많은 계획과 작전을 짰을 것이다. 이순
신은 《난중일기》를 쓰면서 자신을 더욱 강한 사람으로 만들었다.
이순신은 일기를 쓰면서 자신의 마음을 다지면서 마음과 영혼을
단련하였다.

06

이순신에게 영향을 준 사람들

이순신은 전쟁 기간 동안 홀로 싸웠다고 해도 과언이 아니다. 조정은 당파로 정신없었고 임금은 갈피를 잡지 못하고 나약했다. 이순신의 공을 치하하는 사람보다는 이순신을 미워하는 사람이 많았다. 이러한 상황에서 홀로 싸우는 이순신은 더욱 외로웠을 것이다.

그러나 어려움 속에서도 이순신을 도운 인물들이 있었는데, 그들은 유성룡·조헌·정탁·이원익·이억기 등이었다. 그들은 자기들의 목숨까지 내놓으면서 이순신을 지원했다. 분명 다수의 반대 앞에서 이순신을 감싸주고 도와주는 용기는 쉽지 않았을 것이다. 많은 사람들은 이순신에 대한 이야기를 하면 피해를 볼 것 같아 꺼렸지만, 이들은 이순신을 돕는데 목숨을 아끼지 않았다.

또한, 이순신을 더욱 빛나게 한 사람도 있다. 거북선을 만든 나대용, 군량미를 모은 이의온이 바로 그들이다.

01 이순신의 후견인 유성룡

유성룡1542~1607년은 조선 중기의 관료로 인문학자, 의학자, 저술가 등 다양한 삶을 살았다. 본관은 풍산이며 호는 서애西厓이다. 경상북도 의성 출신이며, 황해도 관찰사 유중영의 차남으로 태어났다.

이황의 문하에서 조목·김성일과 동문수학하였으며 어릴 때부터 총명하여 이황은 크게 될 인물로 직감하였다. 유성룡은 성리학에 정통하였으며 글을 잘 써《징비록》징비懲毖란 미리 징계하여 후환을 경계한다는 뜻을 남겼다. 동인으로 활동하다 정여립의 난과 기축옥사* 를 계기로 강경파인 이산해, 정인홍 등과 결별하고 남인을 형성하였다.

과거시험에 뜻이 없었던 형과 달리 유성룡은 23세에 소과시험

기축옥사 : 1589년(선조 22) 정여립의 모반으로 수많은 동인의 인물들이 희생된 사건이다. 동인과 서인의 대립과 갈등의 골이 깊어지는 계기가 된 사건이기도 하다.

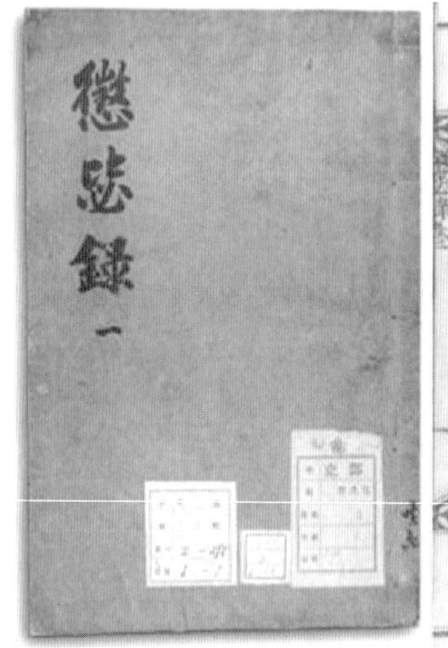

| 《징비록》

인 생원과 진사시를 시작으로 파격적인 승진을 하여 영의정까지 올랐다. 유성룡은 앞을 내다보는 인재 등용과 자주 국방으로 임진왜란이라는 국난을 슬기롭게 헤쳐나간 명재상이었다.

이순신과는 어려서부터 같은 동네에서 함께 자란 절친한 사이로서 후견인 역할을 하였다. 유성룡은 이순신을 끌어준 유일한 사람으로 거듭되는 좌천, 실직, 백의종군 때마다 다시 추천하여 복직시켜 주었다.

임진왜란이 발발하기 직전에는 군관인 이순신과 원균을 천거하여 선조로 하여금 이들을 각각 전라도와 경상도의 방어 책임자로 임명하도록 하였다. 선조가 이순신을 처형하기로 결정했을 때도 이순신의 목숨이 경각에 달리자 영의정 유성룡은 분노하며 사직서를 제출했다. 그리고 이순신으로 하여금 임진왜란 당시 열세였던 조선의 전세를 역전시키는 데 공을 세웠다.

유성룡은 이순신에게 있어서 가장 중요한 영향을 끼친 사람이었다. 이순신이 위기에 처할 때마다 유성룡이 있었으며, 이순신이 진급하거나 영전을 할 때도 유성룡이 있었다. 따라서 이순신에게 있어서 유성룡이 없었다면 이순신은 역사에 이름을 남기지 못했을 것이다. 그리고 조선의 역사도 임진왜란으로 일본에게 패망했을 것이다. 유성룡이 이순신의 뒤를 봐준 것은 그만큼 이순신의 인물 됨됨이와 재능을 정확히 보았기 때문이다.

노량해전이 있던 날 유성룡이 관직에서 쫓겨 나게 되었다. 이를 들은 이순신은 "시국 일이 한결같이 이 지경에 이르는가!" 하며 탄식했다. 임진왜란 중 이순신은 유성룡이 영의정으로 있었기에 사형에서도 살아날 수 있었지만, 유성룡의 실각은 곧 이순신의 죽음을 뜻했다.

결국, 노량해전에서 대승을 거두었음에도 불구하고 이순신은 자기를 유일하게 두둔할 수 있는 유성룡이 현직에 없었기 때문에 죽음을 맞을 수밖에 없었다.

고향으로 돌아간 유성룡은 거듭되는 선조의 부름을 사양하고 다시는 조정에 나아가지 않았다. 죽을 때까지 청렴하고 정직한 삶을 살아 '조선의 5대 명재상' 가운데 한 사람으로 평가받고 있다. 묻혀 있던 유성룡의 업적은 150여 년 후, 정조에 의해 바르게 평가되고 인식되어 오늘에 이르고 있다.

02 상소로 이순신을 구한 조헌

| 조헌의 초상화

조헌1544~1592년은 조선 중기의 문신으로 의병장이었다. 조헌은 경기도 김포에서 태어나 다섯살 때에 글을 읽을 정도로 똑똑하였다. 12세 때부터 김황金滉에게 시와 글을 배웠다. 집이 몹시 가난해서 추운 겨울에 옷과 신발이 다 해어졌어도 눈바람을 무릅쓰고 멀리 떨어진 글방 가는 것을 하루도 쉬지 않았으며, 밭에 나가 농사일을 도울 때나 땔감을 베어

부모의 방에 불을 땔 때에도 책을 손에서 떼지 않을 정도로 공부를 했다.

1565년 성균관에 입학하였고, 1567년에는 문과에 급제하여 교서관*에 속하였다. 이후 정주 교수로 3년간 있으면서 그곳 선비의 풍속을 일신시켰다. 파주 교수로 옮겨 성혼을 찾아 가르침을 청하니 성혼은 사양하면서 감히 사제 간의 예로 대하지 않았다.

1572년 홍문관 정자로 임금의 불공이 옳지 않음을 말하다가 파면되었다. 1574년 질정관*으로 명나라에 다녀와 그곳의 문물과 제도중 따를 만한 것을 조목별로 적어 《동환봉사》를 내놓았다. 후에 여러 관직을 거쳤으나 1582년에는 보은현감으로 소를 올려 노산군단종의 후사를 세울 것과 사육신의 정문을 세워 표창할 것을 청했으나 모함을 받아 파면되었다.

1591년 일본의 도요토미 히데요시가 승려 겐소 등을 보내와서 명나라를 칠 것을 전달하자 임금과 신하가 머뭇거리고 있을 때 상소를 올려 겐소 등을 죽일 것을 청하였으나 받아들여지지 않았다. 상경하여 일본군을 대비할 책을 상소했으나 정부에서 받아들이지 않으므로 시골에 내려가 왜란에 대비하였다.

1592년선조 25 임진왜란이 발발하자 호남의 고경명·김천일, 영

교서관 : 경적의 인쇄와 제사 때 쓰이는 향과 축문·도장 등을 관장하기 위하여 설치되었던 관서
질정관 : 조선 시대 때의 임시 벼슬로 글의 음운이나 기타 제도 등에 관한 의문점을 중국에 질문하여 알아 오는 일을 맡았음

남의 곽재우·정인홍과 함께 호서에서 최초로 의병을 일으켰다.

옥천에서 의병을 일으킨 조헌은 보은으로 가는 통로를 차단하였으나 순찰사 윤선각 등의 시기로 실패하고 홍성 지방에 옮겨가서 또 의병 1,000여 명을 모집했다. 이때 왜군은 청주에서 진을 치고 있어 관군이 여러 번 패하였는데, 승장 영규와 함께 청주성을 수복하여 충청도 공략의 본거지를 탈환하는 등 전과를 세웠다.

곧이어 의주로 북상하기 전에, 관군의 시기와 방해로 흩어지고 남은 700여 명의 의병을 이끌게 되었다. 그때 금산의 왜군이 충청도 일대로 세력을 넓힐 기세라는 소식을 듣고 그 길로 영규와 함께 금산을 향해 가서 왜군에게 함락된 금산의 10리 밖에 이르렀다.

당초 호남 순찰사 권율과 합세하여 적을 협공할 약속이었으나 권율로부터 그 기일을 미루자는 편지를 받은 상태였다. 그러나 왜군은 이미 조헌이 거느린 의병의 약점을 알고 역습해 왔다. 그의 군사는 고군 분투하여 왜군에게 큰 손상을 입혔으나 많은 수를 대적하지 못하고 조헌과 700 의사가 전멸했다. 그러나 이를 통해 호남 방어의 근거지였던 금산을 회복하게 되었다.

후세에 이를 금산전투라 일컬어 숭모하게 되었으며, 1604년 선무 원종 일등공신으로 추대되었고 1734년 영의정에 올려졌다.

전쟁이 끝난 다음, 나라에서는 그들의 시체를 한곳에 묻어주고

‘칠백의총’ 이라는 이름을 붙여 그들의 장한 넋을 위로했다.

조헌은 생전에 이순신의 성품을 알고, 이순신이 어려움에 처할 때마다 조정에 상소나 직언을 아끼지 않았다.

03 목숨을 구한 정탁

정탁1526~1605년은 조선 중기의 문신으로 뛰어난 학문과 강직한 성품으로 명성이 높았다. 1552년 성균생원시를 거쳐 1558년 식년 문과에 병과로 급제하여 여러 관직을 두루 거쳤다.

1591년 정탁은 서인의 대표인 황윤길과 동인의 대표인 김성일, 허성과 함께 일본에 통신사로 다녀왔다. 임진왜란이 일어나서는 칠십에 가까운 노구를 이끌고 선조를 의주까지 보호하며 모셨다. 정탁은 김덕령·곽재우 등의 명장을 천거하기로 했다.

이순신이 조산보 만호와 녹둔도의 둔전관으로 재직 시 여진족 이 녹둔도 군영을 기습하여 피해를 입자, 상관인 북병사 이일은 패전에 대한 책임을 이경록과 이순신에게 지우고 사형에 처하려 했으나 원로 대신 정탁이 끝까지 무고함을 주장해 백의종군토록

하게 하였다.

　나중에 고니시의 간사한 꾀에 넘어가 의금부에 갇히게 된 이순신을 조정에서는 사형까지 시키려고 했지만, 판중추부사 정탁과 도체찰사 이원익 등이 목숨을 걸고 이순신을 살려야 한다고 하여 가까스로 죽음만은 면하였다. 정탁은 이순신이 곤경에 처하거나 사형선고를 받는 등 위기에 처해 있을 때마다 선조에게 죽음을 두려워하지 않고 살려야 한다고 주장했다.

04 이순신을 끝까지 칭찬한 이원익

| 이원익 초상화

이원익1547~1634년은 조선 시대 중기의 왕족 출신 문신으로 정치인이다. 이원익은 명신이자 청백리로 이름이 높아 50여 년간 관직생활을 하였다.

광해군 때 인목대비 폐모론에 반대하였고, 인조반정 이후에도 영의정에 초빙되어 서인, 남인 연립 정권을 구성하였다. 학문적으로는 이황의 학맥을 계승하여 남인에 학통을 전달하는 역할을 하였다.

임진왜란이 일어나자 이조판서로 평안도 도순찰사를 겸임하여 왕이 피란하는 길에 앞장섰으며 흩어진 군사를 모아 적과 싸웠다. 이듬해 평양 탈환 작전에 공을 세워 영의정이 되었으나, 일본과 화의를 주장한 죄로 물러난 유성룡을 변호하다가 벼슬에서 물러났다.

이원익은 체찰사로 있을 때 이순신의 상급자였다. 원균의 모함으로 이원익은 이순신의 나쁜 점에 대한 증거를 찾아내려 했으나 오히려 이순신이 충성심이 강하다는 사실만 확인했다. 이후 이원익은 이순신이라는 인물에 대해서 감탄하고 절친한 사이가 되어 이순신을 칭찬했다. 이순신의 벗인 서애 유성룡마저 이순신을 비판할 때에도 이원익은 "경상도의 많은 장수들 중에서 이순신이 가장 뛰어나다."라며 유일하게 이순신을 지지하였다.

05 이순신을 존경한 이억기

이억기1561~1597년는 조선 중기의 무신이다. 이억기는 전주에서 태어났는데 어려서부터 수영에 능했고 17세에 무과에 급제하여 21세가 되던 해 6진의 하나로 두만강 하류를 지키는 경흥부사로 임명되었다.

여진족이 대규모로 공격해오자 큰 피해를 입은 경흥부사 이경록과 조산만호 이순신은 북병사 도사이던 이일이 책임을 물어 옥에 가두었다. 반면에 이억기는 기병과 보병 300여 명을 변복하여 적진으로 돌격시켜 전투를 승리로 이끌었다. 이후 이억기는 억울하게 옥살이를 하는 이경록과 이순신을 변론하면서 이순신과 인연을 맺게 되었다.

임진왜란이 일어나자 이억기는 순천부사를 거쳐 전라우수사로 임명되었고 전라좌수사 이순신, 경상우수사 원균 등과 합세하여 임진왜란 주요 해전에 빠짐없이 참가하여 연합 함대의 주력으로서 큰 전공을 세웠다. 특히 임진왜란 때 당항포·옥포 등지에서 크게 승리했다.

이억기는 무려 6년 동안 전라우수사의 직무를 수행하며 큰 전공을 세운 명장이었다. 그는 휘하의 전선을 이끌고 전라좌·우도 사이를 내왕하면서 진도와 제주도의 전투 준비를 돕는 한편, 한산도의 삼도수군통제사 이순신의 본영을 응원하는 등 기동타격군의 역할을 수행했다.

그는 이순신과 예전부터 알고 지냈지만, 자신과 같은 직급이면서도 나라를 지켜 내려는 이순신의 굳건한 마음을 알고서 존경하게 되었다.

이순신이 삼도수군통제사가 되었을 때는 앞으로 충성을 바치겠다고 맹세까지 하였다. 이억기의 행동을 보면 이순신을 진심으로 존경했고 이순신에게 충성을 바치고 있음을 알 수 있다.

이순신이 모함을 받아 의금부에 압송되었을 때에도 이항복, 김명원 등에게 편지를 보내어 무죄를 주장하고 이순신을 살려내기 위해 노력했다.

이억기는 해전에서의 승리가 조선을 구하는 유일한 길이라는 이순신의 뜻을 누구보다도 잘 알고 있는 사람이었다. 그리고 나라를 지켜내고야 말겠다는 결의를 함께 나눈 몇 안 되는 인물이었다. 안타깝게도 이억기는 원균과 함께 칠천량해전에서 참가했다가 패했다. 이억기는 전투에 패하게 되자 패전한 장수로서 바다에 뛰어들어 자결을 선택하였다.

이억기는 임진왜란을 통해 구국의 열정을 가진 용장으로 이순신과 함께 최고의 전공을 세운 사람이었다. 조선 조정에서도 이억기가 죽은 후 병조판서로 직급을 올려주었을 정도로 임진왜란 때에 세운 공이 크다.

06 거북선을 만든 나대용

나대용1556~1612년은 전라도 나주 출신으로 본관은 금성이고 나항의 아들로 태어났다. 그는 본래 문장이 뛰어나 문인이 되려 하였으나, 1583년 선조 16년 훈련원 별시에 병과 급제하여 훈련원봉사를 지냈다.

이순신의 사람을 알아보는 지혜는 거북선을 건조할 때 나대용이라는 당대 최고의 선박 설계자를 선발해 활용하였다. 그는 전선 감조 군관으로 들어가 거북선 및 각종 무기 제작 책임자로 종사하였다.

임진왜란 발발하기 바로 직전 1592년 4월12일 거북선을 물에 띄워 발포 실험을 성공함으로써 당시 세계에서 가장 우수한 전투함을 건조하게 되었다.

그뿐만 아니라 1592년 옥포해전에서 유군장 직을 맡아 자신이 직접 만든 거북선을 이용하여 적의 대선 두 척을 격파하고, 사천 해전에서는 분전 끝에 총탄을 맞아 부상을 입고, 한산도해전에서도 부상을 당하였다.

명량해전과 1598년 노량해전에도 참가하여 큰 공을 세웠다. 그는 이와 같은 공을 인정받아, 1594년 강진 현감으로 제수되었고, 이어 금구·능성·고성 현감을 역임하였다.

1606년 12월 24일 남해 현령으로 재직 시에는 '창선' 이라는 철갑선과 '해추선' 이라는 쾌속선을 고안하는 등 우리 역사상 가장 탁월한 조선 기술자였다. 창선은 전투형 거북선과 탑승 인원을 많이 필요한 판옥선의 단점을 보완하여, 칼과 창을 빽빽이 꽂아 만들었다. 125명이 필요한 판옥선에 비해 격군 42명으로도 배의 운용이 가능하며, 군 인력을 늘이지 않고도 배를 두 배로 유지할 수 있기 때문에 유용한 장점이 있었다.

1610년 광해군 2년에는 남해 현령에 제수되어 해추선이라는 쾌속선을 고안하여 건조하였고, 1611년에는 경기 수군을 관할하는 교동수사에 제수되었으나 전쟁에서 입은 부상이 재발하여 부임하지 못하고 1612년 1월 29일에 죽었다.

07 군량미를 모은 이의온

명량해전 이후 조선 수군과 왜군은 전쟁 휴식기에 들어간다. 이는 9월에 치른 명량해전 이후 월동 준비를 위한 기간이었고 왜군도 연전연패에 의한 군력 증강과 겨울을 나기 위하여 준비하는 시기였다. 이순신은 이러한 월동을 준비하는 시기에도 군량의 확보와 수군의 모집에 전력을 기울이게 되는데 이러한 일을 해줄 사람으로 이의온을 임명했다.

이의온1577~1636년은 조선 시대 중기의 학자로, 이언적의 손자였다. 이순신을 만났을 당시 나이가 20세에 불과했지만 학문과 병법이 뛰어났고 맡은 임무를 완벽하게 처리하는 정신이 투철한 인물이었다.

이의온은 이순신 밑에서 군량 관리를 맡게 되었을 때 자신의 재산을 군량에 보태는 등 솔선수범을 통해 리더십을 발휘한 인재이기도 하다. 그는 해로 통행첩을 발행하여 군량을 모집하고 해상의 안전을 보장하는 중요한 업무를 담당하였다.

해로 통행첩은 간단히 말해서 바다에 통행세를 부과하는 제도이다. 고하도라는 곳에 돌로 남·서 길이 1㎞, 높이 2m, 폭 1m의 성을 쌓아 적의 배를 구별하고, 군자금을 모으기 위해 오가는 배들에게 1~3석의 식량을 내어 놓고 통행첩을 받아가도록 하여 열흘 만에 1만 석의 군량미를 비축하였다. 이렇게 하여 이의온의 해로 통행첩은 군량미 10만 석을 모으는 데 일조하였다.

이순신이 이의온의 공로를 조정에 보고하여 나라에서 군자감 직장이라는 벼슬을 제수하였으나 사양하였다. 임진왜란이 끝난 후에는 포항에 작은 정자를 짓고 말년을 보내다가 1636년에 생을 마쳤다.

이순신의 해전

출전	횟수	해전명	조선수군 출동병력	일본군	전과	비고
1차 1592	1	옥포해전 5.7	이순신 : 85척 판옥선 24, 협선 15, 포작선 46 원균 : 6척 판옥선 3, 협선 3	26여 척	26척	
	2	합포해전 5.7		5척	5척	
	3	적진포해전 5. 8		13척	11척 2척 도주	
2차 1592	4	사천해전 5. 29	이순신 : 23척판옥선 원균 : 3척	13척	13척	
	5	당포해전 6. 2		21척	21척	
	6	당항포해전 6. 5	이순신 : 23척 판옥선21, 거북함2 원균 : 3척 이억기 : 25척	26척	26척	
	7	율포해전		7척	7척	
3차 1592	8	한산도해전 7. 8	이순신 : 24척 판옥선21, 거북함3 원균 : 7척 이억기 : 25척	73척	47척 격침 12척 나포	
	9	안골포해전 7. 10		42척	42척 격침	
4차 1592	10	장림포해전 8. 29	이순신·이억기 : 166척 협선 92척 포함 원균 : 7척	30여 명 6척	도주6척 불태움	
	11	화준구미해전 9. 1		5척	5척 격침	
	12	다대포해전 9. 1		8척	8척 격침	
	13	서평포해전 9. 1		9척	9척 격침	
	14	절영도해전 9. 1		2척	2척 격침	
	15	부산포해전 9. 1		470척	128척 격침	전사 : 6명, 부상 : 25명

출전	횟수	해전명	조선수군 출동병력	일본군	전과	비고
5차 1593	16	웅포해전 2. 1	이순신 : 42척 이억기 : 40척 원균 : 7척	40척	왜군 100명 사살	통선 2척 전복
6차 1594	17	당항포해전 3. 4	이순신·이억기 : 110척 원균 : 14척	50여 척	31척 격침	아군 피해 없음
7차 1594	18	1차 장문포해전 9. 29	삼도수군 : 50여 척	117척	2척 격침	아군 피해 없음
	19	2차 장문포해전 10. 4			일방 공격	아군 피해 없음
8차 1597	20	어란진전투 8. 27	이순신 · 김억추 : 12척	8척	도주	
	21	벽파진전투 (9. 7		13척	도주	
	22	명량해전 9. 16	이순신 · 김억추 : 13척	333척	31척 격침	전사 : 2명 부상 : 2명
9차 1598	23	노량해전 11.18-19	삼도수군 : 83척, 1만 7,000여 명 명나라 전선 : 63척 명나라 수군:2,600여 명	500여 척	200여 척 격침, 수급 500여 개, 50척 도주	이순신 전사, 전사 : 10명 부상 : 2명

이순신의 생애

연도/ 연호	월일	나 이	내용
1545년 인종 1	3월 8일 양4월 28일	1세	한양 건천동에서 덕수 이씨의 12대손으로 태어남 현재 서울특별시 중구 인현동 1가 부근
1552년 명종 8		8세	어머니의 고향인 충청도 아산군으로 이사함
1565년 명종 20		21세	보성군수 방진의 딸 상주 방씨와 결혼함
1567년 명종 22	2월	23세	맏아들 회 출생
1571년 선조 4	2월	27세	둘째 아들 열 출생
1572년 선조 5	8월	28세	훈련원 별과에 응시하였으나 시험 도중 말에서 떨어져 왼쪽 다리를 다쳐 실격함
1576년 선조 9	2월	32세	식년무과에서 병과에 합격함 (식년무과 : 3년마다 정기적으로 무관을 뽑기 위해 실시한 시험)
	12월		함경도 권관의 직책으로 국경수비대의 임무를 맡음
1577년 선조 10	2월	33세	셋째 아들 면 출생
1579년 선조 12	2월	35세	한양으로 돌아와 훈련원의 봉사가 됨
	10월		충청도 병마절도사의 군관이 됨
1580년 선조 13	7월	36세	전라좌수영 관내에 있는 발포에서 부대장격인 수군만호가 됨
1582년 선조 15	1월	38세	군기 경차관조사관인 서익이 발포에 와서 군기를 보수 하지 않았다고 상부에 보고하여 수군만호에서 파직됨
	5월		함경도 훈련원 봉사로 재임용됨
1583년 선조 16	7월	39세	함경도 병마절도사인 이용 휘하의 군관이 됨
	11월		여진족 토벌에 공을 세워 훈련원 참군으로 승진함

	11월 15일		아버지 이정의 사망으로 인해 관직을 쉬고 충청도 아산에서 삼년상을 치름
1586년 선조 19	1월	42세	사복시 주부에 임명됨
	1월		여진족의 침략으로 인해 16일 후 함경도 조산보 만호로 천거됨
1587년 선조 20	8월	43세	함경도 두만강 부근에 위치한 녹둔도의 둔전관을 겸임함
	8월		여진족의 기습을 받고 격퇴하였으나 이일의 무고로 파직되어 백의종군함
1588년 선조 21	6월	44세	충청도 아산군 백암리로 낙향
1589년 선조 22	2월	45세	전라도 감사 이광 휘하의 조방장이 됨
	12월		전라도 정읍 현감이 됨태인 현감을 겸무함
1591년 선조 24	2월	47세	진도 군수로 임명되나 부임전 가리포 수군첨사로 전임 발령됨
	2월 13일		전라좌도 수군절도사로 승진하고 얼마 후 전라좌수영에 부임함
1592년 선조 25	4월 13일	48세	임진왜란 발발
	5월 7일		옥포해전 승리
	5월 8일		적진포해전 승리, 가선대부로 승진
	5월 29일		거북선의 활약으로 사천해전 승리
	6월 2일		당포해전 승리, 자헌대부로 승진
	6월 5일		당항포해전 승리. 기밀문서인 일본 수군편성표를 노획함
	6월 7일		율포해전 승리
	7월 8일		한산도해전에서 적선 59척을 격파하고 조선군은 4척만 불타는 대승을 거둠. 정헌대부로 승진
	7월 12일		안골포해전에서 이억기와 수륙작전을 펼쳐 승리함 안골포 : 경상도 창원군 웅천면 안골리
	8월 24일		여수를 출발해 전장으로 나감
	9월 1일		부산포해전 승리
1593년 선조 26	7월 15일	49세	본영을 여수에서 한산도로 이동함
	8월 15일		삼도수군통제사로 임명됨

1594년 선조 27	3월 4~5일	50세	당항포해전에서 적선 31척을 격파함
	9월 29일~ 10월 1일		장문포해전에서 적선 2척을 격파함
	10월 1일		영등포해전에서 육군과 연계하여 바다와 육지에서 합동 작전을 실시함
1597년 선조 30	1월	53세	정유재란 발발
	1월 21일		왜군이 거짓으로 꾸민 밀서를 그대로 믿은 조정에서 출동 명령을 내리나 이를 어기고 출동하지 않음
	1월 27일		삼도수군통제사에서 파직됨
	2월 24일		한양으로 압송됨
	3월 4일		모진 고문을 받고 옥에 투옥됨
	4월 1일		투옥된 지 28일 만에 출옥하여 권율 휘하에서 백의종군함
	4월 11일		어머니 사망
	7월 15~16일		원균이 이끈 삼도수군이 칠천량해전에서 대패하고 원균 전사함
	8월 3일		삼도수군통제사로 재임명. 군사 120명과 전선 12척으로 전열을 정비함
	8월 29일		진도의 벽파진으로 진을 옮김
	9월 16일		명량해전에서 대승을 거둠. 당사도로 진을 옮김. 셋째 아들 면이 충청도 아산에서 왜군과의 전투에서 전사함
1598년 선조 31	2월	54세	통제영을 해남 우수영에서 고금도로 이동함
	7월 16일		명나라의 수군도독 진린이 이끄는 수군 5,000여 명과 합세함
	11월 17일		노량해협에 왜군의 함대가 출몰함
	11월 19일		노량해전에서 대승을 거두나 유탄을 맞고 선상에서 전사. 우의정 관직을 받음 맏아들 회도 선상에서 전사함

	11월 26일		일본군 부산포에서 완전 철수함. 전쟁 종결
1599년 선조 31	2월 11일		충청남도 아산 금성산 아래 안장함
1604년 선조 37	10월		선무공신 1등에 녹훈되고, 덕풍부원군으로 추봉되었으며, 좌의정에 추증됨
1614년 광해군 6			충청남도 아산시 음보면 어라산 아래로 이장함
1643년 인조 21			충무라는 시호를 받음
1706년 숙종 32			충청남도 아산에 현충사 건립
1793년 정조 17	7월 1일		영의정에 추증됨
1795년 정조 19			《이충무공전서》 완성. 규장각 문신 윤행임에 의해 편찬, 간행됨

세계 역사상 최고의 해군 제독

이순신 리더십

초판 1쇄 인쇄	2013년 10월 1일
초판 1쇄 발행	2013년 10월 7일

지은이	전도근
펴낸이	박정태
편집이사	이명수
감수교정	정하경
책임편집	김안나
편집부	전수봉, 위가연
마케팅	조화묵, 고범석
온라인마케팅	박용대, 김찬영

인쇄	한국소문사
제본	예인바인텍

펴낸곳	Book★Star
출판등록	2006. 9. 8. 제 313-2006-000198 호
주소	경기도 파주시 문발동 파주출판문화도시 500-8 광문각 B/D 4F
전화	031)955-8787
팩스	031)955-3730
E-mail	Kwangmk7@hanmail.net
홈페이지	www.kwangmoonkag.co.kr

ISBN	ⓒ2013, 전도근
	978-89-97383-19-1 44040
	978-89-966204-7-1 (세트)
가격	12,000원